恋愛&婚活以前の男のトリセツ

The Manual
of what Man want
and
how to give it to them

「本能」を知れば、
もう振り回されない!

Meri Kanzaki
神崎メリ

マガジンハウス

はじめに

愛される女は「生まれつき」なんかじゃない！
男の本能を理解しているだけ!!

「はぁ……周りの友達はどんどん結婚が決まって幸せそう……。いつになったら恋愛がうまくいく日が来るの？　もう既読スルーされて2日目だよ」
「へ～あの子、誕生日にティファニーのネックレス、彼氏に買ってもらったんだぁ……。私は誕生日プレゼント、スルーされたけどね……」

たったひとりの男性とですら、いい関係を築けないイラ立ち、焦り。
貴女は感じてはいませんか？

世の中には恋愛のうまくいかない女性が大きく分けて3タイプいます。

❶好きな人を振り向かせることができなくて、片想いしてばかりの女性

❷彼氏はできるけど、ケンカになってばかりの女性
❸彼氏はできるけど、飽きられちゃう女性

片想い体質の女性はまともに男性とお付き合いすることすらできず、せいぜい3か月程度でフラれてしまいます。彼氏ができてもケンカばかりの女性は「お前には可愛げがない」「ひとりでも生きていけそうだよな」なんてトラウマになるひとことを言われちゃったりします。飽きられてしまう女性は結婚できずに（既婚者は離婚）悩むことになってしまいます。

そしてどのタイプの女性も口をそろえてこう言うのです。

「どいつもこいつも男が優しいのって最初だけじゃない!?　ホント男ってさ、何考えてるかわかんないよね！」

実はこの3タイプの女性たちは同じことが原因で恋愛につまずいているとしたら、その原因を知りたくありませんか？

［ど本命］どほんめい
貴女のことを心から愛する男性。貴女なしの人生は考えられないほど、全身全霊で大好きな気持ちであふれている。もちろん、貴女自身も最愛の相手。

恋愛がうまくいかない原因はたったひとつ。貴女が「男の本能」がどんなものかを知らずに、ぶっつけ本番で恋愛してきたからなんです！

「え？　男の本能って何？　それって恋愛する上で重要なモノなわけ？」

ええ、そうなんです。天然ど美人だろうと男の本能を知らずに恋愛しているなら100％うまくいきません。必ず男性の地雷を踏んでしまい、関係を壊してしまいます（美人なのに飽きられちゃうという現象の理由はコレです）。

逆に美人でもないごく普通のルックスの女性でも、男の本能を熟知していると「ど本命彼女」の座にさっさと収まり、結婚後も大切にされ続けます。

男の本能を知る＝愛され続ける「ど本命」になれる

めちゃくちゃシンプルな法則なんです。

でも多くの女性が、男の本能を知ることが大切なことだとはこれっぽっちも気がついていません！　ルックスを磨いて料理の腕を上げ、女子力さえ高めることができれば愛されると信じていたり、「男の本能」への理解を深めようとせず、「私っていい女でしょ？」と自分をアピールすることばかりに必死になりすぎているのです。だからいつまでたっても、「好きな人とＬＩＮＥはよくするのですがデートに誘われません」とか、「彼がいちいち『○○したといたからな』って感謝しろアピールしてくるのにイラつくんです！」とか、「記念日に張りきってくれない……プレゼントが花束だけで（涙）」とかいう悩みにぶち当たることになるのです。

この手のご相談が私のところにたくさん届きますが、男の本能を想像してみれば、どうするべきか秒で分かる内容やんけ！　というレベルなのですよ。

すなわち、恋愛の悩みって実はほとんど自分自身で難なく解決できるものなのです。

男の本能というのは私たち女性が想像している以上に、どシンプルで、私たち女性とはまるで違います。

例えば女性は恋すると湧いてくる愛情（母性本能）を男性にぶつけたくなり、せっせと「尽くして」しまいます。ところが、男性は狩猟本能のイキモノ。追いかけたい本能があるのに尽くされてしまうと、女性から追われていると感じてしまい、追いかける気持ちも愛情も冷めてしまうのです。

ならどうすればいいのか？　母性本能をぐっとこらえて、尽くすことをやめ、彼がしてくれることに「ありがとう」と笑顔を向けるだけ！

たったこれだけで狩猟本能を刺激し続けることができるのに、男の本能を理解していないがゆえに「彼が最近冷たいんだよね」と思い悩んでいただけなのです！

こういった男の本能を知らずに恋愛、婚活、恋活をしているうちは絶対に男性といい関係を築くことはできません。男の本能を理解せず恋愛メソッドや、私の提唱している「メス力（P8）」を実践したところで「これってなんの意味があるの？」「男を立てろ褒めろって男尊女卑じゃないの？」と疑問符ばかりで、疲れ果ててしまうハズなのです。

考えてみてください。料理だって同じことです。

［ど本命クラッシャー］どほんめいくらっしゃー
ど本命との付き合いを自らぶち壊してしまうこと。やらかし。せっかく出会えたにもかかわらず、しつこく媚びることで男性が逃げたくなってしまったり、キレるモンスター化して、相手の恋心を一気に冷ましてしまう。

アク抜きが必要な理屈を理解していないと「これって意味あるの？　この工程ハブいてもよくない？」と自己流で調理してエグミのある料理が出来上がってしまうハズ。

男の本能を知ることは、下処理や下味レベルで必須項目だと気がついてほしいのです。すなわち「メスカ」という、いい調理器具だけそろえていても、男の調理法（トリセツ）を貴女が身につけていなきゃ、料理（恋愛）は失敗してしまい、意味がないのです。

実は私自身、恋愛や結婚に悩んできました。常に「男って何を考えてるのかホント謎すぎ！　なんでさっきムッとされたワケ？」と困り果てていました。

情けない話ですが、私自身男の本能がちっとも分からなくて、せっかく「ど本命彼氏」と付き合っても、勝手に不安になってケンカを吹っかけたりする「ど本命クラッシャー」をやらかす癖があり、ことごとく幸せを自分で壊してきました（その結果、バツイチでございます……）。

［メス力］めすりょく
男性に媚びずに、男心に寄り添って凛と生きる力のこと。メス力が高い女性は、自分を見失うことなく、男性の本能を理解でき、「狩猟本能」「守りたい庇護欲」「ヒーローになりたい本能」に火をつけて愛され続ける。

ただ、私は諦めませんでした。幸せになりたい執着心が異常に強く、古今東西のあらゆる恋愛本、心理学の本や哲学書を読んできました。

それにプラスして数年間にわたり、常に身の回りのすべての出来事を「あの男性、なぜあの子の一言でイラッとしてたの？」「あの子は取り立ててべっぴんさんじゃないけれど、男性に大切にされてる？ それはどうして？」「あの二人、めちゃくちゃ仲良しだよね？ それはなぜ？ 彼女のあいうところ？」と男性目線で研究し、それが正解なのか検証をしてきました。

映画を見ていても、男性が作詞している曲を聴いていても、すべては「これってどういう男性心理？」と無意識に考え続けていたのです。

その結果、今までせっせと高めてきた女子力（オシャレして、所帯染みないように気を配り、料理の腕を高めて尽くすこと）は男性の心に響かないどころか、女性の「キラキラしたい乙女心」を満たすだけの自己満だったということが分かってきました。

男性が恋に落ちて大切にしたくなるのは、男の本能に訴えかける「メス力」の高い女性です。追いかけて追いかけて、つかまえて思いきり抱きしめたくなるような。

はじめに

「大切にしないと俺から逃げていっちゃいそう」そんなスリルを感じさせてくれるけど、俺様のプライドはそっと尊重してくれるような女性に、本能がかき立てられて愛さざるを得なくなるのです。

こうして男の本能を理解し、それを踏まえた上で、いい関係を築くための武器である「メス力」を編み出しました。

「メス力」を高めて再婚し、妊娠・出産・育児・共働きを経ても夫とケンカしたことはありません。夫は自分ごととして家事育児をしてくれ、まったく不満がないのです。こんな穏やかな結婚生活、昔の自分だったら200％あり得なかったと断言できます（正直、来世に期待レベルでした）。

円満とは、まずは男の本能を知り、それに寄り添って賢くふるまうことで実るモノなのです（あんな「メス力」ど底辺な私でも身につけられたのです、多くの女性にとって余裕だと断言します）。

今回、「メス力とか恋愛メソッドやってても、なんかうまくいきません！」という方々のために、基本的な男の本能を知った上で「じゃあ、どうすればいいの？」という具体的なやり方を「男のトリセツ」としてご紹介します。

CHAPTER1「振り向いてくれないのは、男の本能を萎えさせてたから」

片思いが成就しない方、そして彼といい感じだったハズなのにスッと引かれてしまったことがある貴女や、男性の脈ナシ脈アリが分からない方に読んでいただきたいです。男性の脈アリって意外なところで出てきたりするものなのですよ！スルーしちゃってませんか？

CHAPTER2「ムッとされる女は、男の地雷を踏んでいた」

男心を無意識に傷つけてしまって、冷たくされたり、ケンカになったり、心を閉ざされたりする女性に読んで欲しいです。女性同士ではアリなことが、男性にとってカチンとくることだったりして。繊細でプライドの高い男心をしっかり理解してあげましょう。

CHAPTER3「飽きられない女は、男の本能に振り回されない!!」

女性はいい子ちゃんなだけじゃダメなんです。男の本能をかき立てるほんのりあざとさも持っていなきゃ、すぐに男性に飽きられてしまうことになります。最近デートに誘ってくれない悩みから、ちょっぴり大人のお悩みまで「男のトリセツ」としてお伝えしていきます。

男性は不器用で繊細です。私たち女性が愛されてると実感できるような大げさな形ではなく、日々の生活のやり取りの中にたくさんの愛情を織り交ぜてきてくれています。

でも男の本能を知らない女性はこれに気がつかず、「もっとお姫様扱いしてよ!」「私のトリセツを貴方が知ってよ!」と言わんばかりにジタバタし、彼の気を引こうと必死になります。これは男性から見るととても恥じらいのない姿なので、恋心が冷めてしまうのです……。

男の本能を知れば、日常の中にたくさん愛情表現があったことに気がつけます。「これって私のためなんだ♡」と彼をあたたかい気持ちで見られるようになります。

昔ならイラッとしたことでも、どうして彼がそんなことを言うのか？　冷静に分析して、落ち着いて行動できるようになり、ケンカやすれ違いが起きません。

事実、私のＳＮＳや著書を読んでくださったたくさんの読者さまから「私に冷たかった彼に『メス力』を実践したらまた追いかけてくれるようになりました」「ウソみたいに夫婦円満に戻れました！　夫の愛情に気がついていませんでした！」「諦めていた復縁を叶えました！　しかも結婚前提で！」と多くのご報告をいただいています。

だから「うちの彼、癖強いタイプだから……」と悩んでいる貴女も「なぁ～んだ、結構単純な人だったんじゃん！」とホッとすることでしょう。恋愛の最初だけうまくいってどんどんすれ違ってしまう理由も、単なる男女の違いを理解してなくて、自分が被害妄想膨らませていただけだった（しかも彼は愛情表現してくれてたのに……）と気がつくことができるようになるのです。

「私」目線ではなく「男」目線で考えるようになれたら、人生が変わります。

これは、尽くし体質である「母性本能」で彼を見るのではなく、彼目線で「追いたくなる女」を想像し、実際にふるまうということです。

本書では貴女が彼の目線で二人の関係を見られるようになるため、徹底して「男の本能」を分析し、男のトリセツとしてお伝えしていきます。


恋愛メソッドや「メス力」で行き詰まりを感じている貴女へ。そして好きな人や、これから出会う「ど本命彼氏」の世界一の理解者になりたい貴女へ。

大好きな人の心の中のこと、もっと知りたいと思いませんか？


「この子、俺のこと一番分かってくれてる!!」

「ほかの女が子どもっぽくて、比較にならない」

「この子、居心地がいい……一緒にいるとなんか元気になる！」

男の本能を熟知して、手放せない女だと思わせてみたいとは思いませんか？

それを叶えるべく、「男のトリセツ」いざお伝えしていきます。

貴女が難しいと決めつけていた男心。その扉を開いてご案内いたしましょう。

CONTENTS

CHAPTER 2

ムッとされる女は卒業！男の地雷を踏まない方法

CHAPTER 3

飽きられない女になる 男の本能Q&A

著者エージェント　アップルシード・エージェンシー
表紙クッキー制作　KUNIKA　イラスト　黒猫まな子　ブックデザイン　アルビレオ

CHAPTER 1

教えてメリ様!!! 振り向いてくれない男のギモン

男に振り向いてもらうには、狩猟本能をかき立てて顔色をうかがわない女になれ！

交際中だけど、彼に振り回されてばかりの女性も、片想い中の女性も願いはひとつ。「彼に振り向いてほしい……！」

そもそも彼に振り向いてもらえているとは、どんな状態のことでしょう？

- 自分ばかりが「好き好き」している一人よがりな状態じゃなく、彼からも「好きだ〜！」というアツイ想いが伝わってくる
- 「会いたい」って意を決して言わなくても「会おうよ」とバンバン誘われる
- 一緒にいて退屈そうにされない、愛情のこもった瞳で見てくれる
- 休みの日は当然のごとくデートに誘ってくれる

振り向いてもらえる＝彼のほうからも追われている状態のことなんですよね。いくら「私、追いかける恋愛が好きなんですよ」という女性でも、一方的に追いかけ続けて、軽くあしらわれている状態だと、心が折れてしまうのです……。

しかも追いかけ恋愛体質って、なかなか抜け出せないものでホント厄介（泣）。

でもね、悲観しなくても大丈夫！　追いかける恋愛ばかりしてきた貴女がちゃんと抜け出す方法はあります。

貴女は「生まれつき追いかけ体質」なんかじゃなく、男性を振り向かせるために必要な「男の本能」を知らなかっただけなのです！

この章では、男性を振り向かせて、追いかけてもらうために必要な「狩猟本能」と「縦社会本能」についてお伝えしていきます！

男の恋心は狩猟本能によってかき立てられる

男性は、男性ホルモンである「テストステロン」の分泌が盛んです。

このホルモンは男性に活き活きとやる気をみなぎらせる効果があり、狩猟本能をメラメラと燃えさせます。

遥か昔、狩猟時代はそうして男性は狩りへと出ていき、本能を発散していました。現代だと、仕事やスポーツ、ゲーム、ギャンブルなどでその本能を発散しています。

男性が狩猟モードに入っているとき、ワクワクして興奮している状態です。カンタンに狩れないからこそ「なにクソ！　もうちょっとで捕まえられるぞぉ！」とその対象（例えば、仕事の成果、ボール、ゲームで敵を倒す）に夢中になります。


このメカニズムは恋愛に対しても同じなんです。カンタンに落ちない女を追いかけているとき、テストステロンが大噴出して、ドキドキワクワクしています。これが恋に夢中になっている状態です！

男性は追いかけがいのある女性である「ど本命」に巡り合ったとき、狩猟本能が燃えまくり、性欲が高まり、ついでに仕事へのやる気も高まっちゃいます。

たったひとりの女性との出会いによって男性は活き活きと輝くのです（とってもステキなことだと思いませんか？）。

なので「駆け引きとかよくないよね、追いかけさせるより、私から追いかけちゃおう」なんて考えは、彼をワクワクさせてあげられなくて逆効果でしかないのです!

男の対人関係の本能は「縦社会」

リーダーを決めて狩りをしていた時代の名残りで、男性は対人関係全体を縦方向に捉える傾向があります。

学生時代の先輩後輩の「絶対関係」から、社会人になっても、お互いの年齢や、社会的にどちらが上の立ち位置なのかを知ることで、お互いのカーストの位置とふるまい方をハッキリさせたいのです。

この縦社会を恋愛に当てはめたとき、男性より下の位置だと思われてしまうと、まず狩猟本能をかき立てることができなくなります(つまりは、恋してもらえないということなんです)。

自分より下の存在なんて、男性にとっては追いかける理由がありません。

そして、下だと判断した相手には超自然に上から目線で、オラついた対応をしてしまいます。例えるなら、学生時代の後輩に
「おい、◯日に飲み行くぞ！　店の予約よろしくな！」
と命令するのと同じ対応を彼女にします。
男性同士だと「了解っス」と違和感なく受け入れあえることでも、こんな対応をされると女性は傷ついてしまいますよね……。

ですが、男性が女性のほうを「この子は俺より立ち位置上だな（俺のほうが惚れてるな）」と感じると、「◯日予定空いてる？　もしよければご飯行こう！」と丁寧な扱いをしてくることになります。

付き合う前だけでなく、付き合った後でも女性が顔色をうかがったりせず、また媚びたり、尽くしたり、下手に出ないことで、この丁寧な扱いは続くのです。

LINEをマメに
やり取りしているのに、
デートに誘ってこないんです。
最近、返信もそっけないし、
脈アリじゃなかったんですかね？

「え？　好きな人からＬＩＮＥある時点で脈アリじゃないの!?」

好きな人とＬＩＮＥでぽんぽんやり取り続いているときって、通知が来るたびにドキドキしちゃいますよね♡

なんかこう、恋してるって感じで自然と顔もニヤニヤしちゃうもの（電車の中で読んでニヤニヤ噛み殺すの必死）。

「メリ子今何してる？」「今ネトフリ見てた！　海外ドラマにハマってるんだ！　ヨシオのオススメある？」「俺は最近『全裸監督』見てるｗ」「ウケるｗ　ちょいエロいやつじゃんｗ」

こんな風に他愛のないやり取りをしているときがほんと〜に幸せで、夜になるとどちらともなくＬＩＮＥを始める日々に、「これって絶対いい感じだよね？」「逆にこれで脈アリじゃなかったら怖いんだけど（笑）」「いや〜これ絶対付き合うパターンでしょ?(笑)」って「ど本命」だと確信しちゃうもの。

だけど、だけど!! ここで不思議事案発生!!

一向にヨシオはデートに誘ってこないんだなぁ(焦)。

毎週金曜の夜に「おやすみ〜」ってLINEが途絶えると「今週末も誘われなかったな……」ってガッカリ。「週末何してるの〜? 私は予定なくなっちゃった〜」ってアピールしてみても、「俺は友達と出かけるよ〜」「週末は仕事残ってんだよな〜! ゆっくり過ごして」って流されちゃったりして……。

しかもそのうち既読つくのもだんだん遅くなってきて、内容も弾んでいるっていうより、「いいじゃん」「仕事ガンバレ〜」とか素っ気なくてテキトーになってゆく……(涙)。

「LINEが続く関係って脈アリじゃないんかい! 結局、あの人は何を考えてたのか謎すぎ!」と、どんどん男性のことが分からなくなってしまうんですよね。

LINEは続くのに付き合う流れにならない男の謎

いる、いるいるですよ。LINEはバンバンしてくるのに、デートに誘わない。しかも急に疎遠カマしてくる男性……。貴女も男性とこんなLINEをやり取りして期待しちゃったことはありませんか？

- 毎朝「おはよう」LINEがくる
- 「今日は◯◯行ってくるわ〜」と行動を報告してくれる
- 旅行先の写真が届く
- 夜になると2時間くらいチャット状態になる
- 数か月間、ほぼ毎日LINEでやり取りをしている

男のセリフ、翻訳します

「夢を追うために一度別れよう、でもずっと愛してる」

他の女もチャンスがあれば抱いてみたいなぁ〜。
でも俺のことは好きでいてな！　キープさせてな！

もうさ、こんな風なLINEが続く時点で、ぶっちゃけ私たち女性は思いっきり期待しちゃいますよね？　恋愛がうまくいかない人の話を聞いていると、そもそも好きな人から返信がないとかそういうレベルだったりするし、こんなにやり取りが弾むんだから、１００％気が合う！　って確信しちゃうのですよね。なのにどういうワケだか、どんどん疎遠にされている気がして焦ってしまうのです。

デートの誘いを待っているうちに、急に素っ気なくなったときに女がやらかすこと！

「あれ？　最近既読つくの遅くなってきた……？」こう感じた瞬間から、女性は焦ってこんなLINEをしてしまいます。

- 「私なんかした？」と尋ねる
- 「最近冷たいね（笑）」と（笑）をつけて問い詰める
- 「会いたいよ〜」と直球アピール

●「ご飯行かない？」とデートに誘う
●「ヨシオのＴｗｉｔｔｅｒ見たよ！　ウケるｗ」と話題が欲しいあまり、相手のＳＮＳをネタにする
●相手がＳＮＳ投稿した瞬間にＬＩＮＥする（今ならスマホ見てるよね？）

こんな風なＬＩＮＥをしても、一向に昔のようなやり取りには戻れない……。「私なんかしたの？（涙）」「いや、きっと私のこと好き避けし始めたんだよね」って行き場のない不安や虚《むな》しさを、都合のいい思い込みで誤魔化したりしちゃって。そしてモヤモヤしたまま数か月経過。明らかに女の影がＳＮＳで見え始める……「お・お・お女できたんかいっ！（涙）」、塞がりかけてた心の傷にグサ！　みたいなね〜！

では、彼は結局何を考えていたのでしょうか？

ＬＩＮＥはマメなのに恋に発展しないときの男の本能を解説していきますね。

男の本能

貴女は暇つぶしや〝モテ感〟チャージに利用されている!

マメに連絡してくるのに、しかも中には好意もチラつかせてくるのに、デートに誘ったり、告白しない男の本音は「この子暇つぶしにちょうどいいな〜」「女とやり取りしてるとモテてる感じある(笑)」こんなものなのです!

しかもこの手の男性って、同時期に他の女性を口説いてたりするのですよ!

貴女は擬似恋愛ならぬ、擬似狩猟で狩りの練習台にされていたのです!

貴女とのやり取りで、男としての自信をちゃっかりチャージして、本命候補の女性を口説くエネルギー源に利用(発電所扱い許せん)。

だから貴女から本気オーラを感じると「やべ、めんどくせ」と疎遠にしだす、もしくは本命候補とお付き合いできたら、任務完了とばかりに疎遠にしてくるのです。

LINEのやり取りが続くだけが「ど本命サイン」ではないのです! 男性は「ど

本命」には行動しまくるイキモノですから！　チンタラＬＩＮＥだけして、デートに誘ってこないなんて絶対にありえないのです。

マメなＬＩＮＥ＋ＮＯデート＝モテ感チャージ要員女

これがＬＩＮＥはマメなのにデートに誘ってこない男の本音です。

好きな人とやり取りをぽんぽんと続けるのも考えものだと覚えておいてください。

そのうちネタ切れして、会話のネタを探し出すためについこっちから、「おはよ〜」「仕事終わった〜」「今日は友達と飲みに行くよん」と生活を実況しちゃうことになりやすいのですよね。そうすると、男性が女性に恋するのに必要な要素をつぶしてしまうのです。

トリセツ
会わないときに恋心が膨らむ本能を逆手に取れ！

❶自分からLINEしないことで「メリ子何してるのかな」と妄想させる
❷たまには即レスだったり長時間既読をつけなかったりと、ランダムさを出すことで「マジで日常読めないよな!?（ミステリアス♡）」とさらに妄想をかき立てさせる
❸LINEするときはメス力高いやり取りで「いい女やなぁ」と思い込ませる
❹「俺の女にしてみたい……」と狩猟本能に着火（恋心発火）

マメに返信しすぎると、この「妄想」する隙を与えないことになるので、彼の狩猟本能は着火しません。すなわちLINEだけでお腹いっぱいになってしまうということなんです。

目先のやり取りより「トリセツ」を使って彼の心をつかみにいきましょう！

「この子のこともっと知りたい」欲をつぶさないこと！
LINEやメッセージは女性側から終えること！
内容は長文厳禁・ネガティブも厳禁・明るく爽やかに短く♡

いい感じの人に
「かわいいね」「タイプだよ」
って言われるのに
「付き合おう」はナシ……
一体どういうこと?

かわいいって言われるから期待してるのに……

いい感じの男性とデートした後に起こりがちな謎現象。

マッチングアプリで出会った男性や、友達のつながりで仲良くなった男性。グイグイデートに誘われて、「え〜押し強い人ニガテかも!」とデートに渋々行ってみたら、「かわいい!」とか、「ヤバイ! タイプなんだけど」とかじゃんじゃん言ってもらえて「もしかして一目惚れされた?」「やっと運命の人に出会えたかも!」と有頂天になってしまったことはありませんか?（あるわ〜赤面）

それから2回くらい食事に行ったり、マメにLINEをしていても「付き合おう」の一言は一向に言ってもらえなくて（かわいいは会うたびに言ってくれるけど……）頭の中は「?」だらけ!

「男は見た目がタイプでも、付き合いたくないなんてことあるの？」

「男ってそもそも脈ナシの相手にマメに連絡しないと聞いているのに、脈ナシなら私に対してマメに連絡する理由が謎！」

「もしかして隠れ草食系男子で、私から告白したほうが進展する系？」


こんな男性と出会ってしまうと、何がなんだか分からない上に、どんどん女性はハマっていってしまうのですよね……。

褒めてくれるけど、告白してこない男の謎、解き明かしていきましょう！

褒めてくれるのに付き合わない男性の10の謎

絶対にいい感じなのに、付き合う話にならない。

この手の男性のあるある謎行動を紹介します。貴女はこんな行動する男性に惚れ込んではいませんか？

❶「かわいい」って言ってくれるけど告白してこない
❷「結婚したいよなぁ」とか言うけど付き合ってすらない
❸マメでぽんぽん弾むLINE！　でも告白してこない
❹「じゃ10分だけでも会おうよ」とフットワーク軽いのに彼女ではない
❺家族の話をよくしてくれるのに告白してこない
❻親友君を紹介してくれたのに告白してこない
❼「いま家に帰るとこだから」って帰宅中に電話してくれるのに彼女ではない
❽お酒に酔って「いま何してるの〜」と甘えた電話してくるのに告白されない
❾Hしてるし彼氏っぽい感じだけど丸々連絡つかない日がある
❿本当にカップルっぽいのに実は彼の家では会ったことがない

この手の行動をされているとき、「メス力」高い女性なら、警戒します。しかし、多くの女性は浮かれてしまい、次のようなやらかしをしてしまいます。

付き合う気のない男性に振り回される女

・告白されないうちから勝手に「絶対に『ど本命』だ！」と暴走する
・告白されてないのにHしてしまう
・土日（相手が休みの日）会えない男性を疑わない
・「かわいい」「好き」＝「本気の恋愛」と解釈する

出会ってすぐにいい感じの空気になる男性。

ＬＩＮＥもマメだし、いつも前向きな人で楽しいし、会うたびに褒めてくれるし、久々に恋してる感覚に酔ってキュンキュンしちゃいますよね。正直１００％付き合えると思って当然だし、「これが噂の『ど本命』かも！」って親友にも「今超いい

男のセリフ、翻訳します

「今度○○○、行こっか！」（その後日程の話なし）

え？　社交辞令っていうか、その場の流れですよ、流れ。
別に会社の上司とかにもそういう風に合わせることあるでしょ？
え？　誘われるの待ってたのに？
重いな〜（笑）そういうとこがダメなんですよ（笑）

［おクズ様］おくずさま
貴女のことを雑にあつかう男性。いわゆる「ダメ男」のこと。気が向いたときだけ連絡してきたり、誘い出す。うっかり結婚すると苦労するので、早めにお見切りする（別れる）こと！

感じの人いるの～♡」と浮かれて話しちゃったりして（もう仕事してても頭の中お花畑や）。
そして次のデートでついに初H……♡
その流れで付き合う話になると思いきや、ならずに解散。「あれ？ 私たちの関係って何なの？ いや超絶脈アリだったし、えええ？ まさかカラダ目的!? いやいやいや」と混乱……。
こういう経験って、実は多くの女性がしているのですよね。

男の本能 脈があるのは貴女の体にだけなんです!!

もうお気づきの方もいらっしゃると思うのですが、この手の男性は基本的にカラダ目的の「おクズ様」で間違いないのです。ペラペラと「かわいい」だの言えるのは、それだけ遊び慣れているからなんですよ～！

皆さま、遊び人の男性って見た目でパッと分かると思っていませんか？　実はそうでもありません。本当の策士は、草食系風の雰囲気をまとっていたり、爽やかなサラリーマン風の風貌をしています。女性にも清楚系◯ッ◯（あまりに下品な言葉なので自主規制）と呼ばれる女性たちがいます。あれの男性版だと思ってください！

彼らはモテるので、常に付き合いの長い本命彼女とセフレちゃんを複数抱えています。回転寿司のように女性たちをクルクルさせ「俺ってやっぱモテるわｗ」と承認欲求を満たしています。彼らの性行為は女性の体を使ったナルシスセルフィーに過ぎません！

女性が「いい感じじゃん♡」と思っている状況（相思相愛風）なのに告白してこない男性は裏がある、すなわち遊び目的だと思って間違いありませんよ。

いい感じなのに告白してこない×褒め上手＝遊び目的

これが遊び目的の「おクズ様」の本音でございます……。

トリセツ

褒め言葉に飛びつかず、簡単にカラダを許さない！

正直な話、この手の「おクズ様」すら翻弄する小悪魔な女性は世の中にたくさんいます。彼女たちはむしろ自分から色仕掛けし（「バイバイ寂しい〜キスして？」くらいは余裕で言う）、そのあと音信不通になったり、または急に呼び出したりすることで振り回して男性をハマらせていきます。

が、本書を手にとられた恋に真面目な女性にはとてもオススメできません（苦笑）。

「メス力」の基本スタンスとしては、Hに誘われたり、おキッス以上のスキンシップをされそうになったときに、「そういうのは彼氏としかしないの♡」ときっぱりとした態度を見せることです。中にはそういう貴女の姿勢に痺《しび》れて本気になる男性もいることでしょう。でもカンタンに男性の「付き合おう」を「愛してる」と同意

［3か月ルール］さんかげつるーる
付き合っても3か月はH禁止とする、「メスカ」（P８）の超基本。3か月待たせることで遊び目的の男性はしびれを切らして去り、「ど本命」の男性はより本気モードになる。「おクズ様」か「ど本命」か見極める期間。

語だと勘違いしないこと！

「付き合いさえすればHできるんでしょ」くらいの感覚で告白してくる男性もいますから（大勢いるんだわこれが）。なので、しっかりとメス力推奨の「3か月ルール」を守ることで、彼の本気度が計れますよ。

あくまで、彼を振り向かせる（本気にさせる）ためではなく、「私そんな安い女じゃありませんの♡」的なスタンスで実行するのが、男性を痺れさせる秘訣。

え？　カラダ目的の「おクズ様」はいらない？　ではさっさとお見切りしちゃいましょう！

いい感じにしておいて、
告白してこない男性は遊び目的です。
どんなに誠実な言葉や態度を重ねていても……。

何かにつけて
元カノ話をしてくる彼……
本当は未練があるんじゃない？
ぶっちゃけ超絶イラつくわ～！

「そういえば元カノがさ〜」ってその話題、いる？

「男性に元彼の話をするのはダメ！」といろんな恋愛心理本で見かける割に、元カノの話題を会話に織り交ぜてくる男性って多くありませんか？

人生の吸いも甘いも噛み分けてしまっている私などは、正直な話元カノの話などにもはや嫉妬はしません。そのような話になっても、すべて無意識に男性心理の解析にかけて研究材料にするレベルに達してしまいました（笑）。

人には皆過去があります。そのおかげで今の二人がいる。と今なら言えますが、そんな私も若い頃は元カノの話なんて絶対に許せませんでした。

お恥ずかしい話ですが、当時の彼がポロッと元カノの話をしてきたとき、嫉妬のあまり元カノのメアドを「削除せい！」とブチ切れながら彼氏に命令したこともあります（メアドというところに時代を感じるわ）。しかも数か月後、不意打ちで「削除したかチェックさせて！」と命じました（おっそろし〜なぁ我ながら）。

だって未練あるのか不安になったし、ムカついたんだもの……（苦笑）。

こんな経験、きっと貴女にもあるでしょうし、「わっかる！　本当にムカつくよね」と共感していただけると思います。

それにしてもなぜ、いちいち彼らは元カノを話題に出すのでしょうか!?

私たち、こんな元カノの話聞きたくないんです！

貴女はこんな元カノ話にイライラしたことはありませんか？

- 「あ、それ元カノも持ってた」……最悪！　お気に入りのコスメなのに！
- 「親に元カノ紹介したとき〜」……最悪！　彼親に比較されそう……（イライラ）
- 「元カノと俺らで◯◯行ったとき〜」……ふうん、親友とも仲良かったんだ？
- 「元カノは美人で」……は？　それ私に言う？（殺意）

・「元カノに裏切られて」……へぇ？　フラれた側なんだ？　未練ありそう
・「元カノ結婚したらしい」……だから？　何？　自分がしたかったワケ？（怒）
・「元カノはＨ積極的じゃなくて〜」……あ？　何だその話しばくぞ！（激怒）
・「元カノは家庭的な人で〜」……は？　何？　私が家庭的じゃないってコト？
・「元カノからＬＩＮＥきたんだけど」……え？　ブロックしてないんかい（怒）
・「ここ元カノとも来たことある」……最低！　今日のデート台なしにしたな！

「うわぁ……　私も言われたことあるわ……」と顔面蒼白になっている読者さまのお顔が思い浮かびます。**この手の元カノ話をされて不快な思いをしているのは、貴女だけじゃないということなんです。**

それでも「元カノ話」にヒスったらアカンのや！

私たち女性は（基本的に）**「恋愛は上書き保存」**と言われますよね。なので、元彼に未練があっても彼氏ができてしまえば、元彼のことなんて超どうでもよくなります（上書き完了）。だからわざわざ今の彼女に前の恋愛の話をする理由なんて分からないし、何よりも「男性は名前をつけて保存」と聞いたことがあるからこそ、――「元カノの話してくるなんて、絶対に未練あんじゃん！」とイライラしてしまうのですよね。

それでも、けっして元カノ話にヒステリーを起こしてはいけません。

「どうせ未練があんでしょ！」「貴方ってホンットにデリカシーがない男ね！」と大声でまくしたててはダメです。また、元カノ話を不意に思い出してイラついて（どうせこの人は元カノに未練あるんだ）など妄想し、八つ当たりしてもいけません。

なぜなら、こんな風に「ど本命クラッシャー」をしてしまうと、男性はかえって元カノフォルダを開けて、思い出にひたってしまうものなのですよ（現実逃避してしまう男の本能）。ヒスってはいけない理由、元カノの話をしてしまう男の本能を知れば納得できるはずですよ！

男の本能

元カノ話をする男にはパターンがあった！

実は元カノの話をしてくる男性の心理にはいくつかパターンがあります。

❶デリカシーのない男（男性の基本スタイル）

男性は自分が傷つけられることには敏感ですが、どういうワケかデリカシーがありません（笑）。これは女性に比べて共感能力が低いからなんです。私たち女性は自分がされてイヤなことを相手にしたときに、相手がどう感じるか共感能力を使って想像することができますが、男性はいちいちそんなこと想像しません（性質の違い）。なので貴女が傷つくとは思わずに、雑談のひとつとして元カノの話をしてしまうことがあるのです。悪気は1ミリもありません（笑）。

❷マウント「おクズ様」

コンプレックスの強い男性は、恋愛でも彼女より優位でいなければ気が済みません。だからわざわざ元カノがいい女だったとしつこく自慢することで「俺はお前なんかと付き合ってあげてるんだぞ」とアピールし、優位に立とうとします。この手の男性は元カノの話題以外でも、貴女に上から目線で命令したりと「モラハラ系おクズ様」の片鱗が見えるはずです。

❸未練がある男

中には元カノに未練がある男性もいます。この手のタイプは雑談的に元カノの話をするのではなく、具体的に思い出エピソードを話す傾向があります。「裏切られた! 最低な女」と言いつつも、深酒するとメソメソ泣いたりします（うっざ〜）。急に遠くを見て切ない顔をしてため息を吐いたりします。彼に抱きしめられていてもどこか彼の心が空っぽなのを貴女はひしひしと感じることでしょう。

トリセツ
貴女が自信を持てば、男は元カノフォルダを開かないさて、貴女の彼氏が一般的なデリカシーのない男性だった場合、悪気なく元カノの話をしてしまうと書きましたが、このタイプの男性のトリセツは、「そういう話、イヤな気分になるからやめて」とハッキリ伝える。または彼にとって自分が「ど本命彼女」だという確信があれば聞き流してください。**自信を持って大丈夫！** 未練があるわけではありませんからね。「うふふ、それなりに恋愛してきたのね？ でも私がナンバーワンでしょ？ 出会えてよかったね♡」くらい余裕カマしておけばいいのです。

次に、マウント取ってくる「おクズ様」へのトリセツですが、彼はぶっ壊れているのでトリセツも何も、とっととお見切りしてください！ ガマンしてお付き合いし続けたところで、何かと貴女の心を傷つける言動を繰り返し、ボロボロにされてしまうのがオチですよ。

最後は、未練がある男のトリセツについて。この手の男性はどんなに元カノが最低な女性であれ、連絡がきた瞬間貴女を捨てて、そっちに行きます。なのでさっさと離れることです（お見切り完了）。

男性は元カノの身代わりとして付き合った女性のことを愛することはけっしてありません。元カノを想いながら貴女の上で腰を振る。こんなこと断固として許してはいけないのです!

彼が貴女のことを大切にしているなら、過去なんかにとらわれないのが愛され続ける秘訣。元カノ話×余裕でスルー=元カノ風化現象。これこそが彼の中の元カノフォルダにホコリをかぶらせる方法なんです。

いかに、彼の過去や元カノに勝手に振り回されて「ど本命クラッシャー」して関係をぶち壊しにしている女性が多いのか知っておいてくださいね。

共感能力が弱めでデリカシーのない発言をしてしまう男性の性質を理解して、さっぱりと「イヤだからやめて」と伝えてあげること。そして何よりも根にもたないこと。

「仕事が忙しい」と言いつつ
土日は男友達と遊んでる彼！
いい加減、優先順位低くて
イライラします！

本気のヒマな時だけ呼び出してきてんじゃない!

コレ超わかる（いきなり同意）。

平日忙しいって言われてLINEがあまり来ないのも、「まあ仕方なし」とガマンできる。だってこっちも社会人でそれなりに忙しいから。

で、金曜の夜「おつかれ〜☆週末何するの〜?」って探り入れたときにシレッと「良平たちとフットサル行って、その後飲み行くわ〜」って返信きたときの爆発的怒りよ（スマホ持つ手がワナワナ）……。

「はぁぁ? 普段ないがしろにしておいて、週末も友達と遊び行くのとか! せめて! せめてそこは『土曜だけど、フットサル行ってもいい?』って一言聞いてほしいわけよ、だって私、彼女じゃないの? 先週の土曜だって、先輩の送別会とかで深夜まで飲んでたみたいだしさ！　翌日まんまと二日酔いで会えたの夕方5時からだよ!?　昼間から約束してたのに！　会ったら会ったで『気持ちわり～』とかいちいちうっさいし！　知るか！　ＯＳ１飲んでろ！」

「クッソ～～この怒りをぶちまけたい！　でも恋愛本とか読むと『男同士の時間は大切にさせてあげましょう』とか書いてある（涙）。何なの!?　女っていうのは待つだけなの!?　男の自己中どこまで許せばいいわけ！　何で彼女のこと優先できないわけ？」とイライラするのですよね……。

んで、気持ちを立て直して、「今夜は？　仕事の後ご飯行こうよ！」って誘ってみたら、「今日は上司と急遽飲みなんだ！　ゴメン」……誘わなければよかったと怒り爆発。「もういい！　誘わない！」と返信して、彼とギクシャクしたまま週末会わずに終わってしまった……。

男のセリフ、翻訳します

「落ち着いたら連絡するね！」

まぁ二人で飯に行ってみたけど、ないな（笑）。
いい子だけど、女として見れないんだよね～。
だからセフレにするのも違うし、フェードアウトする方向かな？

こんな経験、貴女にもありませんか?

「そこは彼女である私を優先すべきでしょ!」とカチンとくるポイント

そりゃ私たち女性だって、365日自分を優先してほしいだなんて思ってはいません(思っている貴女は恋愛依存ですよ。笑)。でも優先してほしいポイントは確かにあるのですよね。こんなときに優先してもらえないとなると話は別です!

- クリスマスやイベントなのに男友達優先
- 年末年始やGWは男友達と旅行へ行かれる
- 男友達との予定優先で、月2日程度しか会えない
- デートしているのに「この後あいつらと会うから」と早めに解散される
- 二人きりのデートだと思ってたら、男友達が参戦してくる

・趣味にのめり込みすぎて、会ってもらえない
・「体調悪い（からなんか買ってきて）」アピールしても男友達と飲みに行く
・平日デートなんて絶対してくれないのに男友達とは飲みに行く
・自分とのLINEは未読スルーして男友達と遊んでるストーリーをあげる
・男の友情と言いつつ、仲間の彼女がよくいる

優先してほしくてこんな風に彼氏に圧をかけちゃっていませんか？

もはや男友達と会えないタイミングのときだけ、私に連絡しているんじゃないの!?　と勘ぐるレベルで優先順位が底辺！

こういう扱いをされたとき、私たち女性は彼氏に対してこんなプレッシャーをついかけてしまいますが、これは逆効果！　うっとうしいと思われて、ますます優先順位は下がってしまいます！

- 「私のこと好きじゃないの?」と問い詰める
- 「その飲み会、私も行く!」と言い張る
- 「女じゃないの? 今すぐテレビ電話して!」と勘ぐり&命令する
- シクシク泣くことで相手に罪悪感を与え、コントロールしようとする
- 「迎えに行くから集まり終わったら連絡して!」と送迎係を買ってでる

「え? 私コレやってたわ〜(汗)」と気落ちしている貴女にトリセツをお伝えする前に、男性にとって男友達がどういう存在なのか、まずお伝えしていきましょう。彼が男友達と会いたがる心理を知るのです!

男の本能 男にとって男友達は仮面を脱げる相手

男性は女性が考えている以上にシンプルな思考回路で、ちょっと子どもじみた部分があります。でも社会人としてやっていくためには、駆け引きや打算的な部分、

大人のふるまいが必要になってきて、大人の仮面をかぶりだします（キリリッ）。

そして彼女ができたとしても、よほど心を許せる相手ではない限り、彼らは大人の仮面をかぶったまんまなのですよね（余談ですが、彼女や妻の前でおちゃらけて裸踊りをする男性の報告がよくあります。童心に戻って心を解放しているのです。笑）。

男性は社会人してても、デートしていても気を遣って疲れます（心は小3だもん）。ところが気心知れた男友達の前になると仮面が脱げ、子どもに戻れるのです。何者でもない俺に戻って「マジで〜」と子どもみたいに笑い合え、マウント取り合うでもなく、お互いの仕事の話をフラットにできます。一緒にスポーツなんかすると、より結束が深まり、最高のリフレッシュになるのです（仲間の男たちと共同で狩りしていた狩猟時代の本能）。

男性には社会人としての仮面を脱いで、童心に戻る瞬間がストレス発散のために必要なのです（私たち女性がおしゃべりでストレス発散するように）。

男友達とのふれあい（笑）を求める、男の本能については理解できましたか？

でもここで厄介なのが、男友達を優先する男性にはいくつかパターンがあるということ。そのパターンによっては、取り扱い不可と判断して（ぶっ壊れてるやん、この「おクズ様」）お見切りも必要となってきます。

3つのパターンについてこれから説明していくので、自分の彼がどちらに当てはまっているのか、チェックしてみてください！

トリセツ 彼女より男友達優先な男の対処法

❶貴女のことが本気でない「おクズ様」

男性はさして惚れていない女性ともお付き合いできることは、「メス力」の基本としてお伝えしてきました。

貴女が彼にとって「とりあえずの彼女」だった場合、超当然のごとく男友達を優先します！　ムラムラッとしたり、どうしてもヒマなときにだけ貴女と会おうとするのですよね……。言わずもがな、トリセツ不要な「おクズ様」です。お見切りしてしまいましょう。

❷仲間意識が強すぎる「俺ら」

世の中には恋愛よりも、男同士の友情が一番という価値観のグループがいます。

彼らは地元意識が異常に強く、女性は三歩下がって付いいて来いという根っからの男尊女卑で、仲間が彼女や家庭を大切にし出すと「アイツも女々しくなったなｗ」とバカにしたりして、お互いが逃げて行かないように結束を固めます。都会に出た同郷の友人に敵対心を持っていたりと、実は劣等感でつながっているのです。

この手のグループに属している男性と結婚すると面倒なことになります。

男のセリフ、翻訳します

「分かったから、黙って俺についてこいよ」

俺が彼女のためだと思ってすることに、
いちいち反抗的で素直に受け取ってくれないんだよなぁ〜。
俺はずっと守ってやるって腹くくってるのに……。

貴女が病気で苦しんでいても「わりぃな」と出かけていくことでしょう。この手のグループとうまくやるには、貴女がそのグループにどっぷり染まる覚悟がなければムリです（大体、すでに誰かの彼女が長年グループの女子を仕切っていて厄介なんやわ〜）。

❸貴女が干渉しすぎている

最初は「ど本命」でラブラブだったのに……。男友達がいても私のこと優先してくれていたのに……。最近冷たい……。こんな風に彼が変わってしまった貴女は、そもそも貴女自身が恋愛中毒で365日彼氏に依存してはいませんでしたか？「私たち、ニコイチなんだからいつでも一緒だよね♡」「隠し事は禁止！　何でもツーカーでいこうよ！」こんな風にべったりされてしまうと、男性は逃げます（笑）。「ちょっと会うペース減らそう」（P91）でも説明しますが、彼の自由を奪う女になってしまって、彼は男友達の元へバランスを取りに行っているのですね。

ここでさらに「男友達と遊んじゃダメ」と束縛すると、彼はストレスをため込んで壊れてしまう可能性もあると肝に銘じてください。

女性が干渉しすぎる＝男友達に逃げて彼女を優先しない「おクズ様」化

彼をこんな風にさせないためには、「たまの息抜きくらいどうぞ」と気持ちよく送り出してくださいね。

これくらいの余裕がある女性に男性は戻っていきたくなるのです。

男友達との時間は「オトナの仮面」を脱いでストレス発散するために必要なこと！
気持ちよく送り出してあげましょう。

本文ナシで、リンクだけ
ＬＩＮＥしてくる男……
反応に困るし、
これって友達扱いですよね？（涙）

リンクじゃなくてデートに誘ってこい、「好き」って送ってこい！

最近よく読者さまから脈ナシか見定めてほしいと相談されるのが、YouTubeやTwitterのリンクだけLINEで送りつけてくるリンク男問題。

貴女も好きな人や彼氏からこんなLINEがきた経験ありませんか？「LINE♪」通知音に「あ、彼だ♡」とワクワクしてスマホの画面を見ると、出た！　リンクだけ表示されてて内容はなし！　しかもリンクの内容も「自宅にあると超便利！　オススメ家電10選」とか、ちょっと下ネタチックな笑える動画とか、自己啓発系有名人の動画だとか、ニュースサイトのリンクだとか、別にそこまで興味がないジャンルだったりして返信に困る〜。せめて一言、いや二言コメント付けてほしいし、もっと欲を言わせてもらえば、ほしいのは甘い言葉やねん。デートの誘いやねん。リンクじゃないねん!!

男はなぜこんなリンクを送りつけてくるのか？

私たち女性は会話のキャッチボールをＬＩＮＥでも楽しみたいのに……。こんなリンクだけ送りつけられて困ったことはありませんか？

❶ガジェット系お役立ちのリンク（家電・便利用品）
❷美味しいお店レポートリンク
❸お笑い系のリンク
❹自己啓発系のＹｏｕＴｕｂｅリンク
❺新聞の記事や時事ネタなどのリンク
❻政治家のＴｗｉｔｔｅｒリンク

好きな人からこんなＬＩＮＥだけ来ても「……何？　脈ナシ？」と困惑しちゃ

うし、彼氏から来ても「……いや、そうじゃないでしょ？　もっと『早く会いたいな♡』とか送れないの？　まさか私のこともう女として飽きてきちゃった？」「送る内容がないからこんなの送ってくるんだ！」って不安になってしまうのですよね。

どう反応したらいいのか謎なリンク男に私たちがしちゃいがちなこと

好きな人とのＬＩＮＥは恋する乙女の大好物！　だけど、謎のリンクにはどう反応したらいいのか分からなくって、つい、こんな対応をしてしまいがちになります。

- 既読スルー（何返したらいいか分かんないし）
- リンクの内容に触れずに返信（興味ない。見るのダルッ）
- リンク返し（美容系動画だけど、私だって見てあげてるし）

男のセリフ、翻訳します

（フッておきながらLINEで）「元気してるか～？」

あ～ムラムラするぅ～！　そうだ！　あの女いたじゃん！
俺のことまだ好きそうなら、あわよくばHしたいなぁ～（笑）

・「最近LINE素っ気ないね」と絡む（昔は『好き』とかくれたのに……）
・「意味分かんないの送らないで」と拒絶（どうでもいいし……）

実はこれらの対応をし続けると、彼からLINEそのものが全然送られてこない状態になってしまうのです……。では、なぜ男性がリンクだけを貴女に送ってくるのか?

リンク男の本能を解説していきます!

男の本能
リンク送信は貴女の役に立ちたいケナゲな男心!

男性は基本的に誰かの役に立ちたいという本能を持っているイキモノです。特に気になる女性、大切な女性に役立ちたいという気持ちは大きいもの!

だから、私たち女性からすると興味ない内容でも、彼らからすると「お! これメリ子の役に立ちそう（笑えそう）。送ったろ～♪」という、喜んでもらいたい気持ちからのリンク送信なのです（常に貴女を想っている証拠ですよ！）。

これは相手の喜ぶ顔を見たときに自己有用感（俺ってこの世に存在意義あるよな♪）という本能を満たすことができるからなんですよね。

私たち女性も「私って誰かに愛される価値のある存在なのかなぁ……」なんて思い悩んでしまうように、彼らは「俺って誰かの役に立てる存在なのかなぁ……」と不安になってしまうものなのです！

「私って貴方に愛される価値がある？」＝「俺って君の役に立ててる？」に置き換えてみると、男心が見えてくるようになります（コレ押さえておくべきポイントですよ！）。

トリセツ

男心を満たす返信で惚れ込ませろ！

そしてすべてのリンク男に言えること。

彼らは貴女からの「ありがとう！　知らなかった！」「参考になったよ♡」「見たよ〜面白かったぁ」を尻尾振って待っているのです（俺、役に立ったかな？）。

まだ彼とお付き合いしていない貴女！「ヨシオ君のＬＩＮＥいつも勉強になる♡」と返すのです！　ちゃんと彼なりに貴女に好意をアピールしているのですから!!

お付き合い中の貴女も面倒くさがらずにリンクをザッとでも読んで！　そして「いつもありがとう！」「○○なんだ、知らなかった」と返すこと！　貴女の役に立ちたい男心を汲んであげるのが、正解トリセツなのです。

リンクＬＩＮＥ×「ありがとう♡」＝もっとこの子の役に立ちて〜！

貴女からのこの反応があってはじめて彼の自己有用感（俺様役立ってるぅ）が満たされます。ここを満たしてあげると、男性は貴女から離れられなくなります（ニヤリ）。

ちなみに彼のＬＩＮＥを知らない方は「最近面白い動画とか見てますか？」と質問して「見てみたい！　リンク送ってほしい！」と言えば、自然な流れで

LINEゲットし、彼の〝俺様お役立ち感〟も満たせて一石二鳥ですよ。

逆にシカトしたり、スルーしたり、内容にケチつけると、男性はシンプルに「もうLINE送るのやめよ……」と心が折れてしまいます。そして他の女性に送るかも？　そしてその女性が「メス力的反応」したら？　その子のほうが彼の心を満たしてくれるから、フラフラしちゃうかも……（俺！　この子に必要とされてるっ）。

貴女が理解するべきトリセツは「送ってもらったリンク、勉強になる♡」このスタンス一本でございます。

男心を理解すれば、リンクだけ送ってくることが実は好意アピールだと気がつくことができて、「メス力」的反応を返して彼の心を惹きつけることができるのですよ！

彼氏の
「〜しといたから」報告に
イラッとします。なんで
わざわざ報告するんですか？
そして、なんて返すのが
正解なんですか？？

いちいちアピールしないでサラッとやればいい男なのに！

デートのときのお店の予約から、ちょっとしたことまで、どうしていちいち男性は「〜しといたから！」とアピールしてくるのか？　不思議に思ったことはありませんか？

しかもこれを言われたときに多くの女性は、「お前は気が利かないな！　しょうがないから先回りしてやったぞ！　ほら俺様に感謝しろよ！」と言われたような気分になってしまい「はぁ？　別に頼んでないし！」って彼氏を突き放し、「はぁ？　なんだよその態度！」とキレられてケンカに発展してしまう……。実はカップルのよくあるケンカの原因のひとつなんですよ。

これ、同棲中や結婚してからの家事分担でとくに出てくるようになります。Ｔｗｉｔｔｅｒの既婚アカウントなんかだと「旦那がいちいち『皿洗っといたぞ』って報告してきて本当にウザい！　こっちは毎日黙って家事してんのに！」「いちいち褒められたがる旦那めんどい」なんて書かれているのをよく見かけるのです（RTで回ってきませんか？）。

「お店の予約しといたぞ！」と偉そうな彼……

貴女は彼氏からこんなやっといた報告をされて、カチンときたことはありませんか？

- 「店、予約しといたぞ」
- 「散らかってたから掃除しておいた！」
- 「これ、やるの忘れてたでしょ？　俺やっといたから」
- 「洗濯たまってたから回しといた」

「はぁ……黙ってやってくれていれば、いい男なのに！　いちいち感謝求めるところに小者臭するんじゃぁ〜‼」とイラついて、ついこんな反応を彼氏に返してしまうのです。

報告男に感謝なんてしないいい女がする反応

❶「はいはい、どうせ私は気が利きませんよ！」と責められた気持ちになって無視
❷「何？　感謝してほしいワケ？」とケンカを売る
❸惚れてたら黙って率先して予約してくれそうなのに……と彼が本当はデートしたくないのかと不安になってしまう
❹そのアピールさえなければいい男なのにと冷めてしまう
❺アピールされて「ありがとう」を言うのが強要されているみたいでうっとうしい！　けど一応「はいはい、ありがとうご

男のセリフ、翻訳します

「よし！　飯でも行くか！」

彼女が落ち込んでるときに、俺、うまい言葉かけられなくて……。それに俺なら根掘り葉掘り聞かれるのもイヤだし。だったらウマいもので気分転換に連れ出そうと思って。でも彼女は「真剣に落ち込んでるのに、軽く考えてるでしょ！」って怒っちゃいました……なんで？

ざいますぅ」とイヤミっぽく返す
❻「別にいいのに！　こだわりあるから触らないで！」と拒絶
❼「え？　ていうか、間違えてんじゃん？　はぁ～」と彼のミスを探してため息

そして多くの女性がたどり着く結論＝「いちいち感謝求められるなら次からは自分で予約しちゃうわ！」「完璧にこなして、やらせる隙を与えないでおこう！」
これは「メス力」的に間違った男のトリセツです。彼を何もしない系「おクズ様」に育てる行動なんですよ！

そもそも貴女がイラッとしてしまうのは、男性がどんな気持ちで報告しているのか、男の本能を知らないゆえに被害妄想してしまうからなんですよね。

男の本能
報告男の心理はこんなにケナゲ♡

被害妄想炸裂している皆さま、お聞きくださいませ。

いちいち「〜やっといたぞ」という男の本能は、ズバリ「ねぇ、俺尽くしてあげたよ！　俺の行動で幸せになってる？」というケナゲなモノでしかないのです。

そして男性は褒められるのが大好きなイキモノなので、「褒めて褒めて」と心の中で尻尾をブンブン振って、貴女からの褒め言葉を心待ちにしているのです（かわいい♡）。

お店を予約したときも、貴女を車で迎えに行ったときも、貴女の好物を買ってきてくれたときも、雨が降ってきて洗濯物取り込んでくれたときも、お皿を洗ってくれたときも、彼は「〜しといたぞ」とちょっと偉そうに報告することでしょう。

そのひとつひとつが彼からの愛情表現だと気がついている女性は、一体どれくらいいるのでしょうか？

「彼氏なんだから当たり前」「私はいちいち言わずに◯◯してるのに自分だけ褒められたいなんてフェアじゃない！」こういうマインドの女性は、謙虚さがないのです（辛口失礼）。

些細なことには「当たり前」として感謝せずに、「もっとロマンティックなサプライズとかないわけ?」とすら思っていたりする……。

最悪なのは、彼がしてくれたことに「なんでこっちにしたの? 私は◯◯がよかったのに!」「え? 今? タイミングが悪いんだよね!」とケチをつける女性です。

常識で考えてください。こんな女性に男性が何かしてあげたいと思うハズがないのですよ。感謝という男心のガソリン（しかも無料）すら出し惜しみする女性が、大切にされるワケがないのです。

厚かましいのは感謝を求める彼ではなく、感謝しない貴女なんですよ!

なので感謝せずに「出た! 感謝して欲しいアピール!」と冷めた目で報告を聞き流す女性は、結婚後、苦労することになります。貴女を楽にしてあげたいという、温かい気持ちが冷め切ってしまうのですから（冷ましたのは貴女です）。

男の「~しといたぞ」報告×女の冷めた目=何もしない系「おクズ様」

この法則をお忘れなく。

トリセツ 愛される女は、感謝の達人！

彼がぶっきらぼうに「予約しといたからな」と報告してきたとき（これは照れてるだけ！）、愛される女はすぐにこう切り返せます。

「忙しいのにありがと～！　めっちゃ楽しみ♡」と感謝＆ワクワクを伝えることができるのです。男性はこれだけで男心が満たされ、貴女に「ありがとう」以上の見返りは求めません。そしてまた貴女に何かしてあげたい気持ちが湧いてきます。

男の「～しといたぞ」報告×感謝（男心のガソリン）＝尽くす男

ひとたび尽くす男になってしまうと、貴女を楽にさせてあげよう、貴女を喜ばせようという思いが次々と湧いてくるので、結果として女性はすごく楽な関係になるのですよ！

そうなると延々と「しといたぞ」「ありがとう♡」のループに入っていくので、お互いに幸せな関係になれます。

何よりもまず「この子のこと幸せにしているぞ」という自信がついたとき、男性はプロポーズを決意します。男性は一緒にいて自信が湧いてくる女性が大好きなのです。

逆に付き合いが長くても不平不満が多い女性は幸せにできなさそうに感じ、自信喪失しちゃっているので、男性はなかなかプロポーズに踏み切れません!

男性にとって幸せにできそうな女性とは、ありがとう感度の高い女性だと覚えておきましょう!

すると結婚後、「家事分担してよ!!」とキレなくても「助かる! ありがとう」と言っているだけで、家のことを率先してくれるようになるのです。独身の貴女が考えている以上に、家事育児の負担率が夫婦仲を左右するので、今のうちから「〜しといたぞ」に感謝する癖を身につけてくださいね。

男女関係にとって「ありがとう」は「愛してる」よりも重要な言葉です。

もう少し上級者になると、彼がわざわざ報告してこないことを見つけて感謝できるようになります。

「あれ？　もしかして、さっきのゴミ捨ててくれた？　ありがとう！」

「いつも車道側歩いてくれるよね！　ありがとう」など、彼がしてくれたことを見つけて褒めまくる感謝の達人になりましょう！

「～しといたぞ！」は男性からの「貴女に愛情表現してます」アピール。それに気がつけて「ありがとう」とニッコリ微笑む女性が愛され続けるのです（どシンプルな話）。

最近のデートは
おうちばっかり！
しかも私がご飯作って
彼はゴロゴロしてるだけ！
私といて退屈ってこと？

今日新しいワンピ着てきたのに、またコンビニ寄ったら彼のお家へ直行？

毎週のように彼氏と遊んではいても、毎回毎回お家デートばかりだとウンザリしてきませんか？

確かに付き合い始めの頃は、お家で誰の目も気にすることなくイチャイチャ（ムフムフ）できるのって最高！　けれども毎度お家デートしていると、次第にお外でデートしてくれることもなくなっていって、ゴロゴロしながらＴＶ見てるだけになっちゃうんですよね（怒）。

だったらせめておうちディナーでムード作ろうと料理頑張ってみるも（キャンドル持参、ワインも買った♡）彼はガツガツと一気食いして、またゴロンと爆睡。

彼のいびき聞きながら、かちゃかちゃお皿洗っている自分がミジメでしょうがない（かわいいワンピースに合わせたエプロン、後ろから襲われる妄想してたんだけど……はぁ……）。

「ねぇ！　そろそろ起きてよ！　いい加減にして！　私帰るよ！」ってケンカ吹っ

かけちゃったりしてね……。


この流れをSNSで書いてみたところ、多くの女性から「メリさん……まさか私の生活を見ているのですか!!」と反響がありました。

私たち女性っていつまでも新鮮さを求める傾向があるのですよね。

貴女もこんなときに虚しくなったことありませんか?

女性がミジメになるお家デートあるある

- 彼の家で料理当番、あまり感謝されない……(会話せずに一気食いやめて!)
- 食材の費用を自分が全額負担(請求しにくいんだけど……)
- かわいい服でお家に行っても無反応(Hな下着も新調したんだよぉ)
- 彼は寝起きのボサボサのまんまお出迎え(これ何気にショックデカい)
- 自分が来るって分かってるのに散らかったまんま(私のことどうでもいいの?)

・TVや映画を見るだけで後はダラダラして終わり（つまんない……）
・ムードゼロなHのお誘い「しよっか？」みたいな……（キスからしてよ！）
・H終わったら数時間爆睡される（ヒマすぎ！）
・「出かけようよ～」と誘っても「今度な～」（今度っていつやねん！）
・近所の焼き鳥屋になんとか出かけたけど、終始無言……（最悪）

ハッキリ言って、手抜きされているような気がして、自分に飽きたのか不安になって、悲しくてしょうがなくなっちゃいますよね。

最初の頃はお互いニコニコして手をつないでデートしていたのに。「今度ドライブ行こ～ぜ～」って彼からも提案してくれていたのに。どうして男性はこんな風に「手抜き男化」してしまうのか考えてみたことはありますか？

実は貴女自身にも問題があったかもしれませんよ！

お家デートしかしない男に育てる女のやらかし

まずは、彼を責める前に、貴女自身がデートでこんなことをやらかしていないか？　振り返ってみてください！

やらかし❶貴女が尽くしてくれるからラク

いいですか皆様、男性はお膳立てされたらラクなほうへ悪気なく流れていく本能があります（重要）。貴女が数回連続で手料理なんかふるまってくれようものなら、それに味をしめてしまうのですよ！

会う＝お家でゴロゴロしてたら飯出てくる（さらにH付きだし超ラッキー）

こんな方程式ができ上がってしまいます！　何度もお伝えしていますが、それくらい男心とはシンプルなものなんです！　しかもこのとき「彼女は好きでやってることだから、別にお返しする必要はない」くらい思ってますからね（笑）。

やらかし❷貴女がデート中楽しくなさそうにした

彼とデートに行ったとき、不満ばかり口にしてはいませんか？

「え〜、こっちのイタリアンより、あっちのほうがおいしいよ」「ね〜、疲れたんだけど〜？」などネガティブなものから、せっかくおいしいレストランに来ているのに、話の内容が「つか、聞いてよ！　同僚のA子がマジでウッザイんだけど」「ヨシオさ〜さっき隣の女見てたっしょ？　何なの？（怒）」的な不平不満の垂れ流しまで。

こんな風なデートの仕方をしているのなら、彼は当然（はぁ、せっかく予約してまで連れてきたのに……）とガッカリして、貴女のことを好きだとしても、お外でデートしたくなくなっちゃうのです！

男のセリフ、翻訳します

（付き合ってないのに）「温泉行こ〜よ♪」

いや〜Hさせてって直球で言うのはアレじゃん？（笑）
とりあえず温泉行って同室泊まればHする流れになるっしょ？（笑）
付き合う気？　Hしてから決めよっかな？

男の本能

男性には、女性を喜ばせたい本能がある

男性にとって、好きな女性が喜んでいる顔は、何ものにも変え難い喜びです。自分が有能な気がしてきて自己有用感（人の役に立っているという感覚）も高まっていきます。実は基本的に男性は好きな女性に何かしてあげたい本能が元々あるのです。だから最初の頃は彼女の喜ぶ顔が見たくって、そして喜んでくれるものだから、どんどんデートに誘って、じゃんじゃんエスコートしてくれるのです。

でもお付き合いしてしばらくすると、女性側が尽くしてしまったり、デート中につまらなそうにすることが増えていきます。
こうなると男性は誘うことをパッタリとやめてしまいます。

「初めの頃はデートに誘ってくれたのに……最近お家ばっかり（涙）」な状況に陥っ

てしまうのは、貴女をもてなしたい彼の男心を傷つけてしまった結果なんですよ！

本当は貴女に飽きたワケでも、つまらなくなったワケでもないということです！

自分の心がこれ以上傷つかないため、そして貴女のことを嫌いにならないためにお外デートを打ち切りにした。まずはこの現実を受け止めてください！

トリセツ　お家デート沼から脱出するために、まずは男心を満たす

さて、ここからは「メス力」で彼の男心にエネルギーチャージする方法をお伝えするお時間です（ニッコリ）。順を追って説明するので、頭を空っぽにしてとにかく「メス力」実行してみてください。

❶「◯◯に行きたい」とハッキリとリクエストする（男心が傷ついてる彼、はじめは『え〜』なんて言うかも？　それでも根気よく誘ってくださいね）

❷「嬉しい」「楽しい」「おいしい」を言葉にして伝えまくる（「私そんなキャラじゃな〜い」

は禁止！　ニコニコして言うべし言うべし！）

❸愚痴、不平不満禁止（男性から見て「おブス」な表情になってます）

❹「今日なんかカッコいいね」「優しいね」「気が利くじゃん」などサラリと伝える（普段言わない人ほど効果絶大！　彼の気分がよくなります）

❺ニコニコご機嫌が大前提！（過去のケンカを思い返してムスっとしたりしない）

❻ワクワクした瞳でいろいろ興味を示す（男性から見てキラキラした表情です）

❼疲れたらムリせず「ちょっと休憩したい」「お茶したいな」（ムリして不機嫌になるのが最悪）

❽デートの最後は「楽しかったね〜」で締めくくる（連れてきてよかった〜と男心が大満足）

【番外編】むやみに手料理をふるまわないこと。せめて代わりばんこを提案すること！　食材費は全額請求すること！

皆様、彼氏にデートに連れて行って欲しいのであれば、私たち女性はこれくらいのことを提供するのが当たり前なんですよ。どこの誰がブスっとしてる女性とデートしたいと思うのですか？

どシンプルに考えてください。ニコニコご機嫌で「おいしいね～」なんて言っている好きな女の顔、何度でも見たいと思うのが男心なんです！

デートを盛り上げよう、私がなんか話題提供しなきゃ！　ってどうでもいいゴシップ話すより、よ～っぽど貴女がただ笑顔でいることのほうが、男心を満足させられると知ってくださいね。

女の笑顔×デート＝彼女を幸せにしていると男心が充実

彼に充実感を与えられる女は、いつまでもデートに誘われますよ♡

男と女のギブアンドテイク、女は笑顔の（嬉しい、おいしい、楽しい）で充実感をギブすること。
これなくして、彼氏からのお誘いはないと心得て！

「ちょっと会うペース減らそう」
「俺のペース乱さないで」って
別れの言葉なのかな……？
彼の本心が知りたいです。

彼が自分の殻に閉じこもってる気がします（涙）

「あのさぁ……俺たち、ちょっと会うペース減らさない？」
「え……え?!　なんで？」

気まずそうに切り出してきた彼。でも待って！　最初の頃は彼からあんなに「遊ぼう」「何してる？　今から会えない？」って頻繁に誘われてたのに……？　会うペースを減らしたいって今さらどうして!?

俺のペースって何よ！　今までどんだけ私が貴方中心にスケジュール組んで合わせてきたと思ってるの!?　仕事のシフトだって周りに根回しして変えてもらって！　それなのに俺のペースを乱すだなんて……ひどすぎる！

男のセリフ、翻訳します

（付き合ってるのに）「お前そろそろ結婚しないの？」

いや〜俺はぶっちゃけ今の彼女と結婚する気ないんすよね。
でもほら相手は適齢期だと思うし、
「そろそろ他に男探せよ〜俺はないからな〜」
って匂わせるのも俺なりの優しさっていうか（笑）。

「ヨシオ、ひどいよ！」

「ゴメン、でも俺にも自分の時間が必要だから……」

「会うペースを減らそう」女性にとって息ができなくなるくらい、衝撃的な一言。急にこんな恐ろしいことを言われても、私たちは「なぜ⁉」だらけで処理しきれません……。

良かれと思って彼氏を中心にして付き合ってきたはずなのに、なぜだか彼から距離を置かれちゃう結果になってしまう……。


実はコレって恋愛の悩みでトップクラスに多い内容なんです。しかもこの展開って、彼氏を変えても繰り返しがちなんですよね（涙）。

でも貴女がキチンと男の本能を理解することができれば、どうして彼に避けられてしまうことになるのか理解できるはずです。そうすればその流れを断ち切ることができるはずですから、まずは無意識にやらかしていた部分を自覚するところから始めましょう！

男性が距離を置こうとしてやり出すこと

ある条件が重なると、男性は彼女から距離を置こうとしてしまいます。ラブラブだったはずなのに、彼がこんな風によそよそしくなった経験はありませんか？

- 急に「仕事が忙しい」と言い出す
- 疲れてるから週末は一人で寝たいと言い出す
- ため息や「疲れた……何もかもが嫌だ」と病んでる発言が増える
- 「君も俺以外のことに時間使ってもいいんだよ」と言い出す
- デートしていても無表情が増える
- LINEの返信が遅く、「おやすみ」と早々に打ち切ろうとする
- 土曜日の夜とかしかデートしてくれない（昼から会ってくれない）
- 結婚前提だったはずが「あと3年はない」と掌《てのひら》返しをする

もう、明らかに「冷めてんやろ〜」という態度をしてくるのですが、多くの女性はそれを認めずに「最近、彼病んでるっぽいんだよね……！　こんなときこそそばにいなきゃ」とさらにまとわりついてしまい、修復不可能なレベルまで彼のことを追い込んでしまうのです。

彼に避けられちゃう女性が無意識にやらかす行動

彼に距離を置かれてしまう女性たちには、無意識のうちに彼のことを追い込んでしまう、こんなやらかしパターンがあります。

- 「ＬＩＮＥの返信遅いよ〜」とうるさい
- 暇なとき、すぐに電話したがる
- 「土日は全部私との時間ね」と勝手に決定する
- すぐに泣く（涙を使って責める）

- 1週間のスケジュールをシェアしたがる
- 彼の昔のインスタを見て、女友達に嫉妬し削除させようとする
- 「仕事のモチベーション上げな？」と仕事のスタンスに口を出す
- 「ねぇ、結婚に向けてちゃんと動いてるの？」としつこい
- 「ねぇ、好き？」としつこい
- 毎日一緒にいたがり、泊まり込んで家事をしてドヤる

これらの行動って私たち女性からしたら、「もう私たち多分結婚するんだしさ、駆け引きなしで全部ぶっちゃけていこうよ！」という嫁確定感覚だったり、「カップルたるもの常に一緒でラブラブなものなのですよ♡」というお花畑感覚からやらかしちゃうふるまいなんです。

悪気はないんです、むしろ相手に意識を集中して、彼のために時間を使って尽くしてるいい彼女のつもりなんですよね。

んが、残念ながらこれをやられてしまうと男性はますます逃げ出したくなるのです……。

男の本能

距離感をグイグイ詰めると、男の逃走本能を刺激

どうして結婚前提だったのに、ラブラブで向こうからアプローチしてきたはずなのに距離を置かれてしまうのか？　それは女性から距離感を詰めすぎているからなんですよ！

「好き♡」と言わんばかりに四六時中相手といたがって、会えないときはLINEでつながりたがって（学生みたいにマメにね……）、彼の生活にも介入しまくる。この手の行動をされ続けると、男性は距離感をグイグイ詰められてる、追いかけ回されてる、自由を奪われてるという感覚になっちゃうのです（たとえ貴女が「ど本命彼女」だとしても！）。

男性が女性を好きであり続けるためには、距離感があることが絶対的に不可欠なんです！　絶妙な距離感を感じることで、貴女のことを捕まえたくなるんです。

それなのに彼女の中の「俺」が大きすぎると感じると、お腹いっぱいになって、貴女を追いかけるどころか逃げたくなるんです。

貴女は狩猟本能どころか、彼の逃走本能を刺激しちゃっているのですよ！

「とんこつラーメンおかわりどうぞ！（3杯目）」「すいません、好物だけどもう勘弁して！（うぇッ、しばらくいいや！　逃げよっ！）」

これが距離を置きたがる男性の心理です……（食べ物にたとえると分かりやすいわね）。

トリセツ

愛されたいなら腹を空かさせろ！ 飢えさせろ！

ここから辛口になりますが、よろしいでしょうか？

男のセリフ、翻訳します

（SNSやってるのにLINEを返さない男）

彼女のLINEかまって臭が激しくて面倒なんですよね～。
一回返信するとそこからダラダラやり取り続けようとしてくるし、
なんか愚痴とかそういう重い内容も多くて、
既読つけるのためらっちゃうんですよ……。

距離を置かれてしまう女性は、精神的に自立できていません。精神的にフラフラしていると、男という柱（これ下ネタな意味でもある）に寄りかかろうとしてしまうのです（性に奔放な依存体質の方も、彼氏に一途な依存体質の方も根っこは同じなんです。男柱に依存してるだけ）。

でも男柱は女性が思っている以上に、頑丈ではありません（笑）。依存されると、追いかける理由を失って恋心が萎えてしまうのです（色んな意味で萎える。笑）。なので男柱に依存していると、とうてい結婚にはたどり着けません！　ここらで依存スタイルの恋愛を断つつもりで、「メス力」を意識してほしいのです。

男性から距離感を詰めさせる女になる条件

❶デートはめいっぱい楽しむ気持ちで挑む（彼のいいところに注目）

❷デート中は「嬉しい」「楽しい」「おいしい」「気持ちいい」を出し惜しみしない

❸一緒にいるときは甘えんぼさんになる（これは女性にとってストレス解消になるし、男性も好きな女性に甘えられるのって好き）

❹バイバイしたら、基本は自分からＬＩＮＥしない（自分の用事を優先）

「メスカ」でいう「LOVE and バイバイ」の法則です。まず会えば楽しい女になる（❶❷❸をやること）。そうしてバイバイすると❹の実行。「メリ子、何してるんだろ？　寂しいなぁ」と気持ちを膨らませて、追いかける期間になるのですよね。

ラブラブ×自由＝貴女への気持ちが膨らむ男心の法則です。ラブラブ×束縛（自由を奪う）ではダメなのです。充分に自由な時間を与えないと愛情はふんわり膨らみません。焦らず放っておいて彼の愛情を発酵させてください（パン生地と同じや）。

男性は依存されると、息苦しくなって距離を置こうとしてくる。女性に距離感を取られると、恋心が加熱する。
だから「メスカ」高い女性は自分から距離を詰めない♡

CHAPTER 2

ムッとされる女は卒業！
男の地雷を
踏まない方法

男はプライドを傷つけられると牙を剥く（ガルル）どこに地雷があるか頭に入れておくべし！

「聞いてください！　あんなに優しかった彼が冷たくなっちゃいました」
「彼氏と言い合いが絶えません……」
「彼にもっといい男になってほしくて本音で話しているのに、最近、距離取られてる気がします……逃げ癖があるのでしょうか？」

こんな女性たちのお悩みや愚痴を聞いていくと、「アカン！　貴女、男の地雷踏み散らかしてるやないか！　そりゃそうなるわ！」と焦ってしまいます（私が）。

男性はプライドを傷つけられると、反射的に牙を剥く本能があります。

しかしこの地球上の女性のほとんどが、男のプライドをどうして傷つけてはいけないのか？　そして彼らがどんなところにプライドを持っているのか（地雷源）ちっとも知りません（私もたいがいやらかしてきたで〜汗）。

「ど本命恋愛」で始まったハズなのに、彼氏とバトルが絶えない女性と、大切にされている女性の違いは、**男のプライドを尊重してあげられているかどうかなんです。**

男性のプライドのありかを知っておき、傷つけないことは、いい関係を長く育むために必須です。結婚しても円満であり続けたい人は必ず理解しておきましょう！

男は超繊細だと心得る

男性はプライドのイキモノです。想像以上に繊細で高いプライドを持っています。

これを踏みにじられると、「ついカッとなってしまって」事件に発展することすらある、命を張っても守りたいモノだと言っても過言ではありません（もちろん一部の男性ですよ）。

男性は非難されたり、人前でバカにされたり、責められると、プライドを傷つけられたとショックを受けてしまいます（超繊細）。そしてあらゆる形で反撃してしまいます（本能）。

弁のたつ男性は理路整然と正論をまくし立て、貴女を凹ませることでしょう。

口下手な男性はますます無口になり心を閉ざし、貴女を凹ませることでしょう。

男性はプライドをへし折られた恨みをなかなか忘れることはできません。

彼女に対してピリピリした態度で接し、冷酷・無関心になることで、罰を与え制裁しようとします。しかもこれはあくまで本能的な反応。なので「よ〜し！　こいつに罰を与えてやろう！」と計算しているわけではなく、無意識でやってしまっているのです（汗）。

一般的に男の地雷は、

- 身長、年収、学歴、職種（いわゆる狩りの能力に関わりそうなこと）
- 男性器のサイズ（ここにこだわる男性多し、女性からしたらどうでもいいいんだけどねぇ？　サイズより丁寧さやで？　男性諸君）
- 自分が彼女のためにしてあげたことにケチをつける
- 感謝されない

このあたりは間違いなく地雷が埋まっています。踏んだアカツキには何かしらの形で反撃されると覚えておきましょう。

逆に基本的に地雷を踏まずに、**自分の隣で楽しそうにしている女性には、トコトン気前がよく、親切なのも男の本能でもあります**（女性の屈託のない笑顔で元気をチャージできちゃう）。**男性と付き合う上でのこの辺のマナー**をわきまえている女性は長い付き合いになったとしても、男性に大切にされていくのです。

「今日何してたの？」

「ねぇ、何考えてるの？」

「どうして◯◯したの？」

って彼に質問すると、
心を閉ざされるって本当!?

彼のこと、何でも知りたい乙女心が炸裂しちゃう！

「ねぇ、今日何してたの？」「お昼ご飯何食べたの？」「今週の予定は？」

私たち女性って、こんな風に大好きな人のことをすべて知りたくてたまらなくなってしまいます。過去のことも、今日のことも、頭の中身もスマホの中身だって……。

貴方のすべてを教えて♡全部受け入れたいの！ お互い隠し事なしで付き合お♡

そういう思いが溢れてくる、やっと出会えた運命の人……♡一途な彼女としてオープンマインドで付き合ってたはずなのに、どうしてだかどんどん素っ気なくなる彼……。「ねえねえ、今週末の予定は？」「あ、うん、まだ予定わかんねぇ」とかすっとぼけられて、「ゴメン！ 仕事入ったわ！」と金曜夜にやっとＬＩＮＥ（おっそ！）。しかも実は嘘をついて友達と会ってたことが後々分かって悲しくて仕方がない……。

貴女はこんな風に彼がだんだんと素っ気なくなる理由が分からなくて、一人で苦しんではいませんか？

実は「ラブラブ」から「素っ気ない」に変化するとき、女性が〝質問女〟をやらかしてしまっていることが多いんです。

でも私たち女性からすると、信頼＝オープンマインドって常識。だからこそ私のところへ「彼氏にいろいろ質問するのってダメなんですか？」というご相談すらきません。ということは無自覚に質問女をやらかしてしまっている可能性が大！

そう、貴女の恋愛の悩みはここに解決策があるかもしれないということなんです。

男のセリフ、翻訳します

「え？　先のこと？　考えてないね～！」

出た！　結婚する気あるか探ってくる女の質問！
何も考えてないってことは結婚も考えてないってことだって察してくれ～！

「ど本命」から冷たい男に変化する謎

貴女が何か彼に質問したときに、こんな反応をされて困っちゃうことはありませんか（最初の頃は温かい彼だったのに……）？

❶「あ〜？　うん多分」と聞き流す
❷「わかんねぇ」「忘れた」とすっとぼける
❸「え？　23時には帰ってたけど？」と嘘をつくようになる
❹「うっせ〜な〜」と露骨にイラつかれて
❺ＬＩＮＥの履歴を消すようになる

まさに、暖簾《のれん》に腕押し。なんの手ごたえも、心が通い合ってる感もない会話。いや、これは会話なのか……？　私の一方通行ではないのか？

あぁ、ますます彼が何考えているか分からない……。そうだ、何考えてるか質問してみよう！

「ねぇ、今何考えてたの？」

「え？　何も」

会話しゅ〜りょ〜（合掌）。実は貴女がこんなループで苦しんでいる原因は、その質問自体が問題だったとしたらどうしますか？

女性が彼に質問しがちなこと

今から挙げていく質問は、男性からするとウンザリするようなもの！

貴女もつい無意識のうちにやらかしてしまってはいませんか？

- 「今何してるの？」とＬＩＮＥしちゃう（毎日毎日毎日）

・「今日（今週）の予定は？」と予定をすべて知りたがる（暇なら会えるでしょ？）
・「今何考えてるの？」「どう感じたか教えてよ」と頭の中を探ろうとする
・「将来どう考えてるの？」と探る（結婚について遠回しに確認したい）
・「なんで◯◯したの？」と聞く（酒・タバコ・友達優先などを問い詰める）
・「◯◯してないよね？」と確認する（浮気・酒・タバコ・門限などの確認）
・「やましいことないならスマホ見せて」と問い詰める（全男性恐怖しかない）
・過去の恋愛について知りたがる（知りたがるくせにヤキモチやき）
・質問に答えてもらえないと「あやしくない？」と勘ぐる
・些細なことにも「なんで？」と考えを確認しようとしちゃう（理由なんてねぇよ）

最初のうちは、彼も貴女の質問に正直に答えてくれたことでしょう。
でも言わせてくれ！　女性でも「なんで？」攻撃めっちゃダルくないですか？

これ、**過干渉な母親とかとまったく同じ行動なんですよ！**

子どもは自分の所有物だと勘違いし、考え方や行動ぜ〜んぶ把握しようとして質

［プロオカン］ぷろおかん
料理や家事など、大好きな彼にいそいそと尽くしすぎる女性。まるでお母さんのようにアレコレ世話をすることで、恋愛対象でなくなってしまう。

問責めにしてしまう。自分好みじゃない行動には「メリ子はどうしてそんなことするの？」「また、寄り道しようとしてるんじゃないの？」「また友達と会うの？　将来のこと考えてる？」と問い詰めるみたいな。

貴女は知らずしらずのうちに過干渉なママ化＝〝プロオカン〟になってしまっていたのです。質問女型プロオカンをやらかすと、男性はどんどん素っ気なくなっていきます。しかも嘘つきになる傾向まで高まります！

男の本能

男は孤独エリアに侵入されると、心が死ぬ！

男性が女性を追いかけたり、好きな気持ちを持ち続けるためには、狩猟本能が必要です。そして彼ら男性は私たち女性より、（精神的にも物理的にも）誰にも踏み込まれたくない孤独エリアが必要なイキモノだと覚えておいてください。

この男の本能を踏まえていくと、質問女は二つの意味で彼の狩猟本能を萎えさせちゃっています。

❶「貴方に夢中です」告白
貴女の関心が彼に100％向いてるってバレちゃってる時点で、彼の狩猟本能は萎えてしまいます（俺のことばっか考えてる女、重いねん！）。

❷束縛感を感じてウンザリ
男性は自由がないと、女性を好きであり続ける余裕が消えてしまいます。息苦しく感じ、ダルい質問にはその場しのぎの嘘をついて切り抜けようとします。そして男性は束縛されると自由を求めてその人から逃げようとします！　そう、かえって他の女性がキラキラして見えちゃうのです（他の女に狩猟本能が着火……）。

「私は彼と隠し事のない関係を築きたかっただけなのに！　最近空返事ばかり！　なんで！」「だんだん嘘つきになって裏切られた！　なんで！」「何も話してくれない！　なんで！」

こんな悩みの大半は、貴女が悪気なく質問責めをした結果、彼の孤独エリアにデリカシーなく侵入し、「このフトドキ者めが！」と言わんばかりに反抗されてしまった結果なのです（貴女ご自身やご兄弟、父親が、過干渉な母親に対してこんな対応してませんでしたか？・）。

トリセツ　孤独を尊重すると、オープンマインドになる

これからの長い人生、男性と良い関係を築いていきたいと考えている方は、男性の孤独エリアに侵入しないという超基本的「メス力」を身につけることが重要です。

- ガツガツ質問責めしないでください！　聞き上手になって相手に話させるのはＯＫです

男のセリフ、翻訳します

「俺、モテるから」

女寄ってきちゃうから浮気しちゃうかも～（笑）

・貴女の中の常識に彼を当てはめようとしないでください。原則自由にふるまわせて、貴女に失礼なことをしたら、そのとき「それはイヤだからやめて」とハッキリ伝えてください

・彼がせっかく話しているときに「え〜なんで？　それっておかしくない？」など説教しないでください。貴女に心を開かなくなります

これらの「メス力」に気をつけていれば、向こうからいろいろと話してくれるようになります。そもそも男性は女性よりもおしゃべりなイキモノではありません。その彼が貴女に対して「聞いて聞いて」と話しかけてくれること＝貴女に好意があることだと気づいてください。わざわざ彼の心の中まで暴こうとしなくても、恋の甘い蜜は貴女の目の前で糸を引いているのですよ（ここに気がつけ乙女たちよ！）。

男の孤独を尊重×聞き上手＝男が心を開ける女

こうして「私に話したいのね♡ありがとう♡」とおおらかな気持ちで彼の話に耳

を傾けるのが、恋愛・結婚の円満の秘訣なんです。

彼が触れてほしくなさそうなエリアは気がつかないフリをしてあげること。男性にはこういうエリアが必ずあるものだから「隠し事されてる」なんてピリピリしなくても大丈夫です！　勝手にスマホを見るなど論外ですよ。もしも浮気されていれば、女の勘ですぐに分かります。そのとき「おクズ様」だと判断してお見切りすればいいだけなのです♡

警察犬みたいに嗅ぎ回らず、窓際で優雅にくつろぐニャンコになってくださいね。

男性は質問責めされると、孤独エリアに侵入されたと感じて、心を閉ざす！

聞き出すのではなく、聞き役に回って愛を育んで。

彼がいつも周りを
アレコレとディスります……
それやめたら
もっといい男になるのに。
注意しちゃダメですか？

上司から同僚から店員さんに芸能人まで
ディスりっぱなしの彼！

女性同士で冗談まじりに誰かのディスり話をしていても、「いるいる（笑）」「的確で辛辣だね～（笑）」と笑えたりするのだけど、男性、特に彼氏のディスり話ってドン引きしちゃう謎心理ってありませんか？

分かりやすく例を挙げると「元彼が最低なんだけど！　聞いて～」って内容には「わぁ！　超大変だったね！」と共感できるのに、「元カノが最低な女でさ～」と彼氏に話されると、（うわぁ……昔付き合ってた女の悪口言う人ムリ……）って引いちゃうような感じ（そもそも元カノの話するなっちゅ～ねん）。

勝手だって分かってはいるんですけど、私たち女性ってディスり癖のある男性を女々しくて性格ゆがんでてヤバめ案件って思っちゃうフシがあるんですよね～（男性に対して理想があるんだろうなぁ……）。

でもこの手のディスり男って、案外たくさん生息していませんか!?

そしてこの手の男性にうっかり「そう？　そんなことなくない？」と反論しようものなら、攻撃の矛先がこっちに来ちゃうんですよね（ゲンナリ）。

さて、今回は貴女の大好きな人が厄介なディスり男だったときの、対処法と心理をお伝えしていきましょう！

せっかくのデートなのに口が悪くて最悪な気分になる…

ディスり男はありとあらゆる人間を口撃します。貴女の彼はこんなことを言って、貴女をウンザリさせていませんか？

- 上司や同僚を「無能」「バカ」とせせら笑う
- 店員さんが向こうへ行った隙に、口調や動きを真似してバカにする
- 地元の友人、同級生を「田舎で埋もれて死んでいく奴ら」とバカにする

●その辺ですれ違った女性を「ブスだったなw」「見た？　デブw」と笑う
●大企業の有名社長を批判する
●有名人を「あいつなんて◯◯出身だぜ？　田舎もんw」とバカにする
●一緒にTVを見ていると、出演者に反論して貴女に聞かせる
●頑張っている人のゴシップ大好き「昔アイツさ〜w」
●貴女が「これおいしい」と言うと「センスねぇなぁ」と否定してくる
●貴女が好きなもの（趣味でもなんでも）、必ず否定してくる

もうね「じょ〜だんじゃない！　いい加減にしてくれ！」って気持ちになるんですよ。こんなこと延々とされていたら、彼に対しての恋心がどんどん冷めていっちゃうし、人の悪口ノンストップで話す男性といると、生気が吸い取られて老ける気がするんです……（涙）。

それに、なんだかディスり男って見ていて「寂しい人なのかな……」って切ない気持ちにさせられてしまうもの。

だから私たち女性は彼に変わってほしくってこんなことをしてみちゃうんです。

「いい男になってほしいから……」彼を諭す女

❶「人の悪口ばっかり言ったらダメだよ」と説教しちゃう
❷「どうしたの？　昔なんかあったの?」とカウンセリングしようとしちゃう
❸「デート中にそういう話聞きたくないんだけど!」とキレちゃう
❹「あの人は頑張ってるよ、そういうこと言うのよくないの」と諭しちゃう
❺「はぁ～？　だいたいアンタ人のこと言えるの!?」と弱点を突いちゃう

これらの対応は「メス力」的にNGです。火に油を注ぐだけで一向に彼のディスり癖はよくなりません。

そもそもなぜ、彼がこんなにディスり男なのか？　その心理を考えてみましょう!

男の本能

小さな自分を大きく見せたいのだ！

ディスり男は実は誰よりも自信がなく、繊細で、虚栄心（見栄）の塊です。

「俺は何者にもなれない、その他大勢の人間……」こういった苦しみに取りつかれていて、等身大の自分を受け入れることができないのですよね。

このようなコンプレックスって、男女関係なく誰しも持っていたりするのですが、大人になるにつれ等身大の自分と折り合いをつけて、現状の中での最善は何か？工夫するようになっていくものです（私だってそうです）。

でもディスり男は折り合いなんてつけられませんし、「俺だってチャンスがあれば、メジャーリーガーになれたんだ！」的な現実逃避の中で生きちゃっていて、それが他人ディスりとして、お口からお外の世界にダダ漏れしちゃっているのです。

だから上司や同僚、同級生を上から目線でバカにして、有名人にはさも対等かのように、一言モノを申すわけなんですよね……。

厄介、あ〜実に厄介。

ぶっちゃけた話、私個人的には、たとえ「ど本命彼氏」で、かつ私への口撃がなかったとしてもこの手のタイプの人はご遠慮します（めんどうなので。笑）。

でも、「せっかくの『ど本命彼氏』だし、『メス力』でどうにかなりませんか？」という貴女へ向けて、ディスり男のお口にチャックさせる男のトリセツをお伝えしてみようと思います。

トリセツ

おおらか8割、たまに鞭で男の本能を満たす

ディスり男の心の中は〝満たされたい欲〟に飢えています。これがキーワード。

まず彼がディスり開始したとき、おおらかな心で反応をします。

❶共感する「そうなんだ、その人○○なんだね」

ディスり男は共感してもらえると、ホッとします。俗に言うオウム返しで、話した内容をそのまま返してください。貴女もヒートアップして悪口を言ってはイケマセン！　彼は繊細なので「実はこいつ裏で俺の悪口言うてるんやないか？」と勘ぐるようになります（勝手やな）。

❷ねぎらう「そうなんだ、そんな中でお仕事大変だね」

「やっと俺の苦労を分かってくれる人がいた〜」と満たされます（うるうる）。

❸言いすぎは伝える「ちょっとそれは言いすぎだよ」

例えば、貴女に対してのディスりだったり「これは差別では？」と感じるようなことには、一言「言いすぎだよ」と短く伝えてください。これが何でもハイハイ聞くような女ではないと感じさせる鞭になります。

❹彼を褒める話に話題を変える「教えてもらった○○よかったよ！」

❶❷❸の後に、褒めトークをしてディスりトークから話をすり変えちゃいます。きっと得意げに自慢話なんかしてくるので、それに耳を傾けて「じゃあ、今度そこ連れて行ってよ♡」などおねだりしたりしちゃいましょう。そして、このおね

だりを叶えてくれたときは、盛大に喜ぶことです（ココ超重要）。

貴女が自分のことを否定する人間ではない。だからといって言いなりになるような安っぽい女でもない。そしておねだりを叶えたときにめちゃくちゃ喜んでくれる。

ディスり男の男心を満たすには、手間と時間がかかります。でもこれができると「本当は漢気《おとこぎ》あふれる俺になりたかったんだ」という彼の願望を貴女が叶えてあげることになるので、一気に頼れるパートナーに化けることがあります。

男の自信って、女の知恵あるふるまい（メス力）ひとつなんでしょうなぁ～。

ディスり男は自信がない虚栄心の塊。達観したポジションでおおらかに接して、たまに鞭を打つべし（ただし貴女をディスったりモラハラする場合はお見切り推薦）。

話し合いになると
「もういい！」と子どもみたいに
ふてくされる彼……。
腹を割って気持ちよく
話し合うにはどうすればいい？

話し合いにならない男って、結婚不適合者ですかね？

いつもは仲良くしているのに、話し合いになった途端に「その話はもういい！」って子どもみたいにふてくされる男性、多すぎる〜（汗）。

話し合いを持ちかけるとき女性側としては、「どうしてアンタってそうなのよ！」ってキレないように感情をグッとこらえているし、彼の考えを聞き出して、歩み寄る気なのに、彼の態度は「もういい！（心のシャッターガラガラ〜）」で**歩み寄る様子ゼロ！**

はぁ〜（怒り・情けなさ・悲しみのため息）。

これをやられると、その内容についてタブー化されちゃうから超卑怯な手口！そしてこちら側が気持ちを改めタイミングを読んで「あの件だけど」って話を持ちかけでもしたら、「だからもういいって言っただろ！」とマジ切れされる始末……。

話し合いできない関係って、自分から逃げられてるみたいで私たち女性はミジメで悲しくなってしまいます……。

読者さまからも「彼が門限破って男友達と朝帰りしたんです。それについて冷静に話し合いしようとしたらブチ切れられました」とか、「結婚後の家事分担について話ししよ？　って話し合いを持ちかけたら『結婚はまだ考えてないけど』ってふてくされちゃって……ちょっと前は婚約指輪の話出てたのにですよ！」というご相談がたくさん寄せられています。

こんな子どもじみた態度を取られると「あぁ私『ど本命彼女』じゃないんだ……」って彼の気持ちを疑ってしまうし、**何よりも「大切な話に向き合えない男なんて、結婚不適合者＆モラハラ男じゃないの!?」**って不安を感じてしまうのですよね。

話し合いを避ける男の行動パターン

話し合いを持ちかけたとき、「もういい」ってふてくされる男性が多いのですが、中にはこんな形で話し合いを避けようとする男性もいます。

❶「その話もういい!」とふてくされる（王道パターン）
❷「それよりこないだのお前のアレなんだよ」と突然こちらを責める
❸悩んでいるフリをして一切の無言を貫く
❹「めんどくさいことはナシにしようぜ〜w」とイチャついてきて茶化す
❺一発ギャグなどをカマして笑いに変えて話を終わらせる
❻「はいはい、どうせ俺が悪いですよ!」と被害者側に回る
❼しばらく音信不通気味になる

おい! ヨシオ（仮）! 真面目に話を聞け! 彼女ひとりとも、まともに向き合えないようじゃ半人前の人間やぞ!? と思わず（私が）ブチ切れそうになる男性の逃避行動あるある。本当、イラつく! 本当、話が進まない!!

でもね、彼らがふてくされたり、逆ギレして話し合いから逃げ出そうとするとき、実は私たち女性も男心を踏みにじり、やらかしちゃっていることが多いのですよ。

さぁ、貴女はどんなときに彼に話し合いを持ちかけているか？
お胸にそっと手を当てて考えてみてください。

男がふてくされる「話し合い女」

貴女が持ちかけているのは本当に話し合いでしょうか？　もしかしたら話し合いとは名ばかりの、「彼をいい彼氏に変えよう活動」になってはいませんか？

- 一緒に住んでいないのに門限を決めてそれを破ると「話し合いしましょ」
- ＬＩＮＥの返信が遅いと「最近うちら危機じゃない？　話し合いしよ」
- Ｈの回数が減ってきたとき「うちらレスじゃない？　話し合いしよ」
- 彼が転職したいとき「結婚について考えてる？　話し合いしよ」
- 彼が車など買い換えたいとき「結婚資金について話し合いしよ」
- 彼が趣味に夢中「時間の使い方について話し合いしよ」

● 結婚になかなか進まない「いつご両親紹介してくれるの？　話し合いしよ」
● 彼が靴下を洗濯かごに入れない「生活態度について話し合いしよ」
● 家事が得意じゃない彼「結婚後の家事分担どうする気？　話し合いしよ」
● 彼のＬＩＮＥに女性がいる「浮気してない？　話し合いしよ（スマホ出せ）」
● 彼が愛煙家や酒飲み「お金も健康もなくなるよ？　話し合いしよ」

ほほほほ。女性が持ちかける「話し合い」。その実態は、貴女の価値観から彼がヒョイっと飛び出たときに、それを正してやろうとする「おシツケ大会」だったりするのですなぁ……。

女性は一般的に、彼に対して「自分の理想とするいい彼氏」像を当てはめようとしちゃいます。そしてそれにプラスして結婚適齢期になると「今から、イクメンになるようにシツケしなきゃ！」「タバコもほどほど、趣味もほどほど、時間もお金も家庭に使うような夫にシツケていかなきゃね！」と張り切ってしまうのです。

しかもこれが「正義」であり「正論」であると勘違いしているので、彼にとってもいいことだと心から思っています。

「貴方のことこんなに考えて本音で伝える私みたいな女、二度と出会えないよ！（うふふ私ってあげまんってやつ!?）」とすら思っています。

「……ヤバイ。もしかしたらそういうところあったかも」と動悸が止まらない貴女。

おシツケ大会をされたときの彼の男心についてお伝えしていきますよ。

男の本能

「話し合い」＝「おシツケ大会」するとどうなる？

貴女が彼の行動を自分好みに正そうと話し合いを持ちかけたとき、男性は瞬時にそれを嗅ぎ取ってものっすごい抵抗感を覚えます（ガルルルル）。

そしてふてくされ、逆ギレし、茶化し、最終的には心を閉ざしてまで話し合いを回避しようとします。

それはなぜか？　シツケられるだなんて、男性からしたらプライドをこっぱ微塵にされる行為だからですよ！　そして「話し合いしよ」の裏に潜む貴女の歪んだ正義感や自己都合を本能的に感じ取ります。また同時に「アンタはダメ男なのよ！」

と責められているようにも感じます。

男性は私たち女性が想像する以上にプライドが高いです。プライドが高いのに、心はガラス細工なんです。男心を雑に扱うとガラスはパリンと割れて、貴女に突き刺さってしまうことでしょう（ど本命クラッシャー流血事件）。

彼がふてくされてヒドイ？　いいえ？　雑な扱いした結果なんです。

男心の繊細さを理解してあげないのにも関わらず、自分にとって都合がいい彼氏になってほしいだなんて、ビュッフェにタッパー持参するおばさまよりも、どッ厚かましいのです（辛口失礼）。

トリセツ
正論でシツケようとせず、貴女の希望を伝える

正論や（貴女に都合のいい）約束で男性を変えようとすると、必ずふてくされ事件は起きてしまいます。そこで男性とうまくお付き合いするためのトリセツをお伝えし

ていきます。

❶貴女の価値観で彼を縛らないこと

大前提このスタンスがなければどんな男性ともうまくいきません。ありのままの彼を受け入れる覚悟で交際しましょう（無論、「おクズ様」とはお付き合いしていない前提での話ですよ）。

❷いちいち男性の言動に動じないこと

軽い失言、うっかりミスにいちいち目くじらを立てないこと「もう！　アホちゃう♡」くらいで流すべし！

❸「私は◯◯してほしい♡」と伝えること

自分の希望を正義・正論にすり替えて相手を責めない！　「私は」と伝えることで、相手は抵抗感を持たない。

❹叶えてくれたら喜ぶこと

❸の希望を叶えてくれたら喜びましょう。ここでしっかりと喜ぶこと（感謝）で、彼は貴女の希望を叶えることに抵抗がなくなります。

まず前提として大切なことは、おおらかさ。アレもコレも変わって欲しいと浅ましく望まないことです。となると「ど本命彼氏」と付き合うことがやはり必須項目となります。

なぜなら「ど本命彼氏」であれば、基本的に貴女が嫌がることをしないものなので、アレもコレも変わってほしい（1日1回くらいはＬＩＮＥ欲しいとか、浮気しないでとか、土日放置しないでとか最低限のこと）をいちいち望まなくて済むのです。

そして「私は〇〇してほしい」とかわいく、でもはっきりとおねだりすること。

例えば彼が「今日は家で飯にしよう（作ってな）」と提案してきたとき、「え？　私が毎回ご飯作るの当たり前になってない？　ちょっとおかしいよ？　話し合いしようよ」はＮＧ。「今日は疲れちゃったから、ヨシオに作ってもらうか外食したいな♡」とおねだりすること。

そしてヨシオが作ってくれたら（たとえ卵焼きに殻が混入してても）「うれし〜♡料理できる男の人ってなんかいいね〜♡　ありがと〜♡」。これを積み重ねると、家事分担の話し合いをせずとも、彼は率先して料理をして上達します。

外食だったら「おいし〜♡たまには外もいいね〜♡」で彼は貴女にごちそうするのが楽しくなるでしょう。

「結婚式は海の側がいいな♡」「新居は○○駅の側がいいな♡」「同居じゃなくて二人がいいな♡」と彼のプライドを尊重した話し方をするだけで、話し合いなんてしなくても「信じられない！」ってくらい貴女の希望が叶うようになるのです。

おおらかさ×「私は○○したいな（おねだり）」＝男が希望を叶えたい女

ふてくされることもなく、キレられることもなく、茶化されて逃げられることもなく。

話し合いで男性がふてくされるのは、プライドを傷つけられると警戒しているから。「私は○○したい」「ありがとう」でバトルにならず、希望は叶うのです。

相談や愚痴に
同情してほしいのに
いつも正論で返してくる彼（怒）
大切にされてない証拠？
彼の性格が冷酷なだけ？

ただ「大丈夫か？」って言って欲しいだけなのに……正論などいらぬ！

「男には七人の敵がいる」なんて言葉があるけれど、女の社会もいろいろありますから〜！　３６５日いつもイヤミなお局、親切ぶって「どうしたのぉ〜？　話聞くよ」と目ん玉キラつかせて聞いてくるゴシップ大好きな同僚。「あ、私これやっておきました！」（えっ？　準備したの私だけど……）スッと手柄を横取りする先輩。「色白なのがコンプで〜！　メリ子ちゃんみたいに健康的なほうが男の人って好きですよね……（しゅん）」「そんなことないよ、色白な子好きな男多いよ！」合コン中、私をダシに自虐風自慢をカマす友人（はぁ？　地黒で悪かったな！）。「結婚がすべてじゃないよ〜♪　でも我が子を抱くと自分が生まれてきた意味が分かるんだよねぇ♡」と必ず話の最後に幸せ自慢をかぶせてくる友人……。

ムッカつく！　でも本人に「何よアンタ！」って言うのは絶縁覚悟じゃなきゃム

リ！　だからこそ、だからこそ、彼氏に愚痴を聞いてもらって「大丈夫？」「マジでそいつひどくね？」ってイイコイイコしてほしいのに！　彼氏は同情してくれるどころか、正論返しばっかりで余計にムカつくんじゃ〜〜（怒）。

社会の荒波にもまれている自分を同情して癒やしてほしかっただけなのに、彼氏に正論で返されてしまってカチンときたこと、女性なら一度や二度ではないハズ。

彼女の悩みに「正論」「解決策」を言い放つ男のあるあるセリフ

「あのね、聞いて！」と貴女が相談や愚痴をこぼしたときに、彼がこんな返しをしてきたことはありませんか？

- 「そんな職場でいつまでも働くのが悪いんだよ！　転職活動しな」
- 「誰だって何かしらガマンして働いてるんだよ、給料はガマン料だよ」
- 「でもメリ子だってそこでハッキリ言わなかったんだろ？」

・「マウントって何？　いや、君が考えすぎでしょ」
・「友達がそんな風に言うわけなくね？　悪い風に捉えすぎ」
・「なんでそういうこと言う子と友達してんの？　会わなきゃよくね？」

転職しろ！　みんなガマンしてる！　だったら付き合うな！　考えすぎだろ！

そりゃそうですよね。文句があるなら「転職」「疎遠」が正解でしょうし、突き詰めると解決策はそれしかないですよね。

でもな、私たち女性が求めている言葉はそうじゃないんだ（拳を机にドン！）。

「ああ、俺の彼女はなんて大変なメにあっているんだ！　かわいそうに！　最低だなアイツら！　おいで！　俺はずっと味方だかんよ！（ギュ〜ッ）」

こういうスタンスで話を聞いて欲しいのに、それをエネルギーにして社会の中でたくましく生きてゆけるのに。男性はあくまで冷静に正論と解決策を言い放つのみ。

そして正論で返されたとき、多くの女性は「あれ？　私の伝え方が悪かったのかな？　同情心の煽り方が足りなかったのかな？」とこんな行動に出てしまいます。

身振り手振りで敵をディスるほどすれ違っていく

❶「違うの! だいたいあの人って前からサイテーで!」と敵のエピソードを熱弁
❷「いやいや(笑)フッツーに考えてマウントって分かるでしょ?」と彼を非難
❸「なんでそういうこと言うの? ひどくない?」と泣いて訴える
❹「……てか、私のこと好きじゃなくなったんでしょ?」と愛を疑う
❺「話ちゃんと聞いて!」とキレる

敵のサイテーぶりを熱弁する姿に男性は「そうだったんだね、かわいそうに」とはならず、「俺の彼女口悪いし性格悪くね?」とドン引きします。敵が超最低でも、もはや貴女が夜叉《やしゃ》ラッパー状態になっていることしか目に入らないのです。

彼を非難しても同じこと。「ほらね、そういう性格だからだよ」と思われるだけ(くやし〜!)。

❸❹❺に至っては、男性は一体何が起きているのかサッパリ分かりません。

「え？　何がひどいの？　アドバイスしてんじゃん？」

「はぁ？　突然好きだのなんのことだよ！　話飛びすぎ！」

「いや、聞いてるし……」と頭の中は謎だらけ！

そして「マジで女って意味わかんねぇ……メンヘラかぁ？」と引いてしまうのです。貴女が彼の「正論」に引いて吠えるとき、彼もまたそんな貴女に引いているのです。

これこそが、「この男、情がない冷酷人間！」「この女、感情的すぎて人をディスりすぎる！」と多くの男女がお互いに対して冷め、すれ違っていく原因なのです。

男の本能

男は平等精神を発揮して貴女を守りたい

男のセリフ、翻訳します

「そういえばどこに住んでるんだっけ？」（3回目）

いや～とりあえず会話つなぎに聞くでしょ？
え？　俺同じ質問よくしてる？
あ、あんまりその子に興味ないのかも（笑）
とりあえずかったるい会話はいいから、Hしたいんだよね～（笑）

男性はなぜ、相談や愚痴に正論、解決策で返してしまうのでしょうか。

一般的に男性は合理的で平等でありたいという精神があります。

なので同情し寄り添うよりも（そもそも共感力が低いのでこれが苦手です）、「それは君も悪い部分あるよね」と全体を俯瞰して判断し、正論や解決策を伝えてしまうのです。

でもこれは男性の視点からすると、大切な人を間違った道から遠ざけ、さらなるトラブルから守ってあげようとする「庇護《ひご》欲」という男の本能のひとつに過ぎないのです。「君はそのまま進むと危険だよ！　だから進路を変えてしまおう！　俺が考えてやるからさ！」というメッセージが込められているのですよ！

正論・解決策＝彼女を守るため正面から向き合う俺

こういうことなのです。仮にどうでもいい女性であれば「マジか？　大変だな～」「分かるわ～いろいろあるよな～」と言いながら頭の中では、この後のスケベのシミュレーションでもしていることでしょう。

そして男性は察する能力が女性よりも低いので、女性同士なら（チッ！　この女め！）

となる、絶妙なマウントトークなどには一切気がつきません（笑）。

よほど露骨にマウント取られない限り（「ブスになったね！」と言われたとかね。笑）「考えすぎじゃね？」となってしまうのは仕方ないのです。

トリセツ　慰めてほしいならそう伝えること！

貴女が相談や愚痴をこぼしているとき、まさか慰めて欲しいのが真意だとは男性は気がつきません！　そもそも女性の行動の裏側を読むという感性がないことを、覚えておいてください！

相談＝解決策が欲しいんだね？　任せろ！　男性はこう額面どおりに取ってしまうのです。なので、慰めの言葉がほしいときは「今日はね、解決策は考えてくれなくていいから、イイコイイコしてほしいの」「ただ話を聞いて共感してほしいんだ」と伝えてあげるのが、親切ってモノなんですよ。

うっかりコレを伝え忘れて、相談や愚痴をこぼしたときに、彼は正論モードで挑んでくることでしょう。そのときは「私のこと大切にしてくれてるのね♡」と見てあげることです。男の本能を知ることは、相手の愛情表現に気がついてあげられるという素晴らしいスキルを手に入れられるのです。

そして慰めてくれたときも、うっかり正論モードになったときも、「話を聞いてくれてありがとう♡」と締めくくること（キスなり、ハグなりつけるとヨシ！）。これを続けている限り、貴女に対する彼の庇護欲が枯れることはないでしょう。

正論や解決策は大切な人を守ってあげたい庇護欲だった！
貴女は愛されていたのに気がついていましたか？

記念日期待してたのに
忘れられてました……。
これって
「ど本命」じゃないってことで
お見切り案件だよね（涙）

今日は付き合って1年記念日だったのに〜〜〜

「今日で1年記念だったのに、彼に忘れられちゃってました（泣）」

「彼から誕生日プレゼントの予算伝えられたんですけど安くって……GUCCIのバッグがリクエストできません！　ケチな男って『おクズ様』ですよね？」

「誕生日、仕事で会えないって言われました。『ど本命』じゃないですよね？」


あぁ、どうしてこうも男の人ってイベントごとが苦手なのでしょう……。

私のところにもこうして、誕生日や記念日にまつわるご相談が殺到しています。

私たち女性は彼氏の誕生日にプレゼントやディナーはもちろんのこと、二人の写真を一冊の本に印刷したり、出会ってからいままでの動画をまとめてあげたり、彼氏に喜んでもらいたくていろいろとするのに。


彼氏と言えば「え？　コレ!?」って戸惑う趣味じゃない小物をくれたり、0時きっかりに「おめでとう」ＬＩＮＥを待っていたのに、ま〜一向に来やしない。

記念日当日に会うことになってサプライズを期待してたけど、いつもの居酒屋でフツーに23時を迎えちゃった……。

「ねぇ……今日私たち付き合った記念日だよ（まさかサプライズなしで解散？）」

「あ？　今日だったんだ？　俺たち付き合ったの。1年間あっという間だったな〜（笑）」

「は？　サイテ〜！（怒）もういい！」

あ〜コレって神崎メリのいう「ど本命彼女」じゃないのかも、私。惚れてる女との記念日なんて男は絶対忘れないよね！　マジでムカつく〜（泣）。

こんな風に記念日関係でモヤモヤしてしまう女性って、貴女だけじゃないんですよね。男性ってこんなことをやらかしがちなんです。

男のセリフ、翻訳します

「結婚前提にやり直そう」

離れてみてやっぱりこの子が一番だと気がついたんで。
最初に俺はガチの気持ちで復縁する気だよって
伝えて安心させたいんだよね。

記念日にガッカリさせてくる男

誕生日や記念日にガッカリさせてくる男性って多いんですよね〜。貴女もラブラブだと思っていたのに、ガッカリさせられた経験ありませんか？

- 記念日を忘れてる（しかも悪びれなし）
- 記念日にディナーをねだったら近所の居酒屋に連れて行かれた
- 記念日にプレゼントを期待していたのになかった
- 誕生日を忘れられていた（埋め合わせはしてくれたけど……）
- 誕生日プレゼントが好みじゃなさすぎる物だった（え？　家電系……？）
- 誕生日プレゼントがダサいデザインのアクセサリーだった
- ディナーに連れて行ってくれたけど、いかにも「お誕生日プラン」だった
- サプライズを期待したけど「飯は◯◯に行くから」「プレゼント何がいい？」

と聞かれて手抜き感があった
・誕生日や記念日に仕事入れて、一緒に過ごしてくれなかった
・「誕生日おめでとう」ＬＩＮＥがなかった（もちろん手紙もない）
「はぁ……何この人、本当にガッカリ……！」

インスタを見ると友達は、リムジンでお出迎えのサプライズをされていたり、ハイブランドのバッグや、素敵な三つ星レストランで食事をしているのに……。私はなんでこんなにミジメったらしい一日を過ごさなきゃいけないの？


こんな風にモヤモヤしてしまうのはよく分かります。実は私も昔は誕生日が発端でガッカリしたことがあるんですよ。お付き合いしていた男性からプレゼントとして、なんとハートのネックレスを頂いたんです！　そのときの私の心境は「え？（汗）私ハートのネックレス着けそうに見える？　私のどこを見てきたん？」貴女ならどうです？　趣味とかけ離れた物を渡されるとビックリしませんか？

でも、もしかしたら私たち女性は記念日や誕生日に対して、期待しすぎてしまっているだけなのかもしれませんよ？

記念日に期待しがちな女の妄想

- 1年に数回なんだから奮発して高級ディナーに連れて行ってほしい
- ロマンチックなシチュエーションを演出してほしい
- この日ばかりは普段着じゃなく、ちょっとキレイめのコーデを彼もしてほしい
- 私の好みを理解したプレゼントがほしい（もちろん奮発して！）
- 高級ホテルに宿泊させてほしい
- プロポーズしてほしい！

「この日だけは紳士になって、甘い言葉とシチュエーションで私をお姫様扱いして！　願わくばサプライズで……」

この気持ちがほとばしりすぎているんです！

こんな期待を叶えられる男性はそうそういません！　だからガッカリすることに

なってしまって当然なんですよ！

男の本能

記念日に対する男の価値観は、女性とはまるで違う！

どうして男性って、女性と違って記念日に無頓着なのでしょうか？
そもそも考えてみてください。男性同士が誕生日に「オシャレなレストラン行こうぜ〜」なんて、張り切ってプレゼント交換しますか？　ただ集まってワイワイとお酒を飲んで、ごちそうして終了。誕生日会をするとしてもこのくらいなんです。

男性は自分で欲しいものを追いかけてゲットすることに喜びを感じる性です（狩猟本能）。なのでそもそも、「誕生日に彼女にアレおねだりしよ♡サプライズしてくれるかなぁ♡」なんて期待しないものなんですよ（「おクズ様」は別。貴女に高級品をねだってきます）。だからまさか女性がここまで記念日にお姫様な期待をしているだなんて、想像だにしていません！

なので彼女の誕生日にキレイめの居酒屋にある「お誕生日プラン」を予約し、「誕生日プレゼントどうする？　○万以内な〜！」とバカ正直に貴女に伝えてしまう。

これでも男性からすると彼女にサービスしまくっている行為なんですよ。「俺っていい彼氏だわ〜！　めっちゃ尽くしてるわ〜」って100％自信を持っています。

記念日興味ナシ×それでも実行＝彼女への愛なんですよ実は

しかし！　貴女は「何これ？　ロマンチックのカケラもなくない？」とガッカリしてしまうのですよね。

あ、記念日に関してですが、普通の男性からするとまったく理解不能です（笑）。「へ？　記念日とかって祝うの？　学生の話じゃなくて？」と期待されているのに気がつかない男性も多いかも。貴女の彼が覚えていて、おなじみの居酒屋であろうと連れ出してくれるのであれば、もはや合格点といったとこでしょう（笑）。

そして男女の一番のすれ違いの原因は、ロマンチックに関する価値観があまりにも違うこと。

トリセツ

記念日に「ど本命クラッシャー」しない方法

女性はプレゼントやディナーにお金をかけてもらい、付き合いたての頃みたいにチヤホヤとお姫様扱いしてもらい、サプライズをしてもらい、甘〜い言葉をささやかれるのがロマンチックだと捉えます。

男性にとってのロマンチックは、星空を二人で眺めたり、自分が好きな場所に連れて行くことだったりします（心が落ち着くドライブコースや自然など）。

もし貴女の彼氏が星空の見える場所までドライブに連れて行ってくれて、花をプレゼントしてきたら、彼からするととんでもないロマンチックな一夜ということですよ。男心、気がついてましたか？

男のセリフ、翻訳します

「もっと俺に甘えてこいよ」

彼女、あんまり俺に甘えたり頼ってくれないんですよ。
もっと甘えられたら嬉しいのにな〜！
俺ってそんなに頼り甲斐ないのかな……？

男心に気がつかずに「なんでこんなに気の利かない彼氏なの⁉」とイライラして、「私のことなんてどうでもいいんでしょ?」と彼にケンカを吹っかけてしまう、「ど本命クラッシャー」をしないための「メス力」をお伝えしていきます。

もしも彼がお祝い下手な場合、この「メス力」を実践してください。

❶「今月の○日は記念日（誕生日）だから出かけたい!」とハッキリ言う、彼が覚えているかで愛情を試そうとしない!

❷「今回はフレンチに行きたい♡」と明確におねだりしてあげる。お店選びが自分好みかで彼の愛情を試そうとしない!

❸行きたいお店があるならリンクを送って「予約お願いします♡」と甘える

❹プレゼントを聞かれたら「コレかコレがいい♡どっちか貴方が選んで♡当日楽しみにしてるね」とリクエスト、彼が選んでくれたほうでよかったと喜ぶ（コレをするとプレゼントする喜びを彼が覚えます）

❺プレゼントはその場で開封して喜ぶ!

❻いつもより、より丁寧に「今日はごちそうさまでした」と最後にペコリンする

❼かけてくれたお金で愛情を測ろうとしない！　彼の中の精一杯に感謝すること

「え〜！　こんなの私の自作自演みたいじゃ〜ん」と思った貴女。こういうことをコツコツと続けていくうちに、記念日（誕生日）には、こういう雰囲気のお店に連れて行って、こういう扱いすると喜んでくれるんだなぁと彼が学習してくれますからね。たとえ自作自演風でもそれに乗っかってくれる時点で、貴女のことが大好きなんですよ！　愛情がなければ「金がない」と言ってバックれるか、終始死んだような表情してますからお見逃しなく……。

そもそも男性は記念日にこだわらないイキモノ！
記念日や誕生日で愛情を測ろうとしないこと！

私が困ってるのに
全然察してくれない彼！
暗い顔とかため息で
困ってるアピールしたら、
「何なの？」って冷たくされました。

男ってなんで察しが悪くて気が利かないの？　イラつく！！！

彼氏が察しが悪くてお困りになっている全国の「メス力」読者さま、ようこそ。察しが悪い男性の「男の本能」を解き明かす日がついに来ました！

神崎メリのところには、日々読者さまからこんなご相談が寄せられています（脚色してお届けいたします）。

彼氏んちでホームパーティーするっていうから、掃除して、買い出しして、料理してるのに、ソファーでくつろいでスマホいじるだけのアイツ……（殺意）。

「あ〜もうこんな時間じゃん！　机拭かなきゃ！」「あ、カプレーゼにのせるバジル買い忘れた〜！　も〜どうしよ〜」『ど

男のセリフ、翻訳します

「結婚？　仕事が落ち着いたらな」

今の彼女との結婚は正直考えちゃうよね。
だってもっといい女いるかもって妄想しちゃうもん（笑）。
なんかこう、もっと夢中になれる女、いないもんかねぇ……。

うした？　俺やろうか？』の申し出を期待して、大きめの声で独り言を言ってるのに、ハイ！　視線はスマホのまんま！（イラッ）。

思わず大きなため息吐きながら机拭いてたら、「あのさぁ、さっきから何なの？」って冷たい一言！「何なのってそっちこそ何なのよ！　手伝おうと思わないワケ？」「は？　言ってくれたらやるし」「普通察するでしょ！」って、これから友達が来るっていうのにケンカ勃発。

ほんっとなんで男って気が利かないわけ？　普通、助けてあげようとか察するじゃん！　彼、もしかしたら「おクズ様」なのかな……？

貴女もこんな風に困っているときに、彼から手を差し伸べてもらえずにイライラしたことはありませんか？（少なくとも私はあります。笑）

壊滅的に察しが悪い男あるある

女性が彼氏にこそ察してほしいシチュエーションで、彼にこんな反応されたことはありませんか？

- 「頭痛いんだよね」と言ったのにHしたい空気を出してきた
- 「あ、今日会う前に◯◯行かなきゃ（車の距離）」と車出してアピールしたら「了解、終わったら連絡して」とスルーされた
- 彼がうちに来たとき洗濯物干したり、お皿洗ったりしてバタバタしているのに「手伝う？」って言ってくれない
- 最近会えない日が続いて、寂しくてムスっとしてたら彼にため息つかれた
- 「最近家デートばかりだね」と外デートしたいアピールしたのにスルーされた

私たち女性は何か伝えたいことがあったときに、ダイレクトすぎると相手を傷つけるかな？　と思って、遠回しにアピールするじゃないですか。でもそれだと多くの男性はまったく気がつきません！

その姿を見て女性は「ダメだ、頼りにならないわ。この人、もしかしてモラハラ

とかそういう系？」って、疑った目で見てしまうようになる……。

一度女性が「この男は頼りにならない」というレッテルを貼ってしまうと、彼に甘えたり、お願いごとをするのに抵抗が出てきちゃって、頼られるのが好きな男性とドンドン心の距離が離れ、悪循環になっていくのです……（もったいないことやで〜）。

でもね、全女性に知っておいて欲しいのです。

「察してアピール」なんてものは男性にはまったく響かないということを！

こんな「察してアピール」は男性には効きません！

- 大げさに忙しそうにバタバタしてみせる（まさか手助け希望とは察しません）
- 体調不良をほのめかす（まさかHできない、外デートしたくないアピールとは察しません）
- 「次は◯◯と××しなきゃ」と独り言を聞かせる（まさか◯◯しておこうか？　と申し出てほしいとは察しません）
- 引っかかることがあったとき「はぁ……」と大きなため息をつく（まさか話を聞

いてほしいんだなんて察しません）

●「最近スマホばっかり」「家デートばっかり」と怒る（まさか外デートしたいアピールだと察しません。彼女は自分といるのがイヤなんだと思います）

●彼に不満があるときに不機嫌になり「別に」と突き放す（まさか「どうしたの？俺なんかした？」と歩み寄ってほしいとは察しません。彼女がメンヘラになったのかもと思います）

皆さま、こんな察してアピールは、男性にはまったく効かないのですよ。

不思議に思うのは分かりますよ、だって女性同士は阿吽《あうん》の呼吸で「あの子、これしてあげたら助かるだろうな」「あの件で不機嫌なんだな」って察し合えますもの。察してアピールという名の「アタシを分かってほしい」女の本能。男性からするとトランプを伏せられて「さあ、カードを透視してみろ！」と言われるくらい、無理難題なんです（女心って意味分かんね〜読めね〜見えね〜）。

こんなレベルで難解なんですもの。私たち女性と男性はそもそも「本能」がまったく違うのですよね。だから分かり合えなくて当然なんですよ。

男の本能

男の本能と女の本能は真逆に向いている

人類は長い間狩猟民族でした（日本人もです）。男性は一族の命を紡ぐために男性同士で群れて狩猟をしていました。その瞬間は気を張り巡らせています。男性の本能は遠くの獲物を狩るために研ぎ澄まされ発達したものなのですよね。命をかけている狩り（仕事）から離れると、急にぽにょにょんと気が抜けます。一度戦闘モードから抜けると、神経をとがらせません。

私たち女性は群れて家事や育児をしていました。一族の赤ちゃんが泣いていたら、「お〜い泣いてるぞ〜（よくいる父親）」なんて言う前にサッとその子を見てあげる。家事を手伝う。「大丈夫？　やっておくよ」とお願いされる前に察してサポートし合う。こうして身の回りのことに目を光らせ、気を配り合って命を守っていたのですよね。

男の本能、女の本能、どちらが優れているとかそういう話ではありません。持っている「本能」の違いにすぎないんです。彼らは仕事以外だと察しが悪いのは仕方ないのです、だって身近なことはあまり目に入ってこないんですもの（ぽにょにょん）。

トリセツ 察してアピールは即やめてハッキリ言う！

察してアピールだと、ぽにょにょんモードの男性には伝わりません。男性にはハッキリと感じよく、そしてクドクド説明せず短く伝えてください。

❶「今日は頭が痛いから家でゆっくりしたいの」と言葉で伝える
❷薬が欲しければ「薬買ってきてもらえる？　ロキソニンがいい」と写真をＬＩＮＥしてお願いする（買い物は間違い防止に写真を必ず送ること！）

男のセリフ、翻訳します

「男に騙されやすそうだよね」
何言われてもヘラヘラしててチョロそうに見えるんだよね～
こういう子。もっとしっかりした部分見せないと
男にナメられちゃうと思うよ？

❸「私◯◯するから、こっちお願いしてもいい?」とハッキリとお願いする
❹「3時までにコレお願いしていい?」と時間を指定する
❺「スマゲー終わったらお話ししよ〜」とタイミングを提案する
❻引っかかることはその場で「それ、イヤだよ」とサクッと伝える、ため込まない
❼かまってもらえなくて寂しいときは「ねぇハグして♡」と甘える
❽外デートしたいときは「◯◯行きたいな♡」とリクエストする

【重要】ハッキリと感じよくサクッと伝えて叶えてくれたときは「ありがとうね」と必ず感謝の言葉を伝える(人として当たり前のことですよ)

こうしてサクッと伝えられると、男性も「りょうか〜い」「うい〜」となります。察してアピールしてモジモジイライラしてるより、「男の本能とはそういうものじゃけん」と頭を切り替えてトリセツを実行しましょう!

続けていくと彼は「メリ子は生理痛のとき自宅でゆっくりタイプ」「薬はロキソニン」「ひとりが皿洗うときは、ひとりは掃除機」と学習していきます。

こうなったときに初めて「俺、やっておこうか?」と申し出る彼氏が爆誕するの

ですよ〜！
気が利く彼氏にするかは、貴女が「男の本能」を逆手に取れるかそれ次第なので
ございます♡

男性は身近なことに気を配って察する「センサー」があまりないモノ。貴女をないがしろに扱っているのではなく、男女の本能の違いにすぎないのです！

CHAPTER
3

飽きられない女になる 男の本能 Q&A

男は守りたくなる女を裏切れない。実はそういう女こそ、肝が据わっているのである！

お付き合いが長くなってくると、女性はこんな不安に取り憑《つ》かれます。

「そろそろ私に飽きてきた？」「マンネリしてる気がする」「Hの回数が減ってきてない？　もしや浮気の兆候？」

安定した関係をマンネリだと決めつけ、彼の愛を疑うようになってしまいます。

この疑う気持ちこそが、男性の気持ちを冷めさせてしまう決定打になりうることだとは知らずに……。

裏切ることができない女になるためには、庇護《ひご》欲という男の本能を刺激する必要があります。

庇護欲とは、「この人を守ってあげたい」という気持ちのことです。

皆さま、想像してみてください。

自分を疑ってかかってくる女性に対し、守ってあげたいという思いが果たして湧き出てくるものでしょうか？

彼の庇護欲をかき立てるには、まず貴女が彼のことをど〜んと信頼していなくてはいけません。ちっさなことで不安に陥り「気持ちが冷めたんでしょ！」なんてギャーギャー騒いでいてはいけないのですよね。男に「守ってあげたい」と思われる女こそ、実は相手を信頼するという意味で、どっしりと肝が据わっているのです。

さぁ、具体的に庇護欲という男の本能のトリセツについて解説していきましょう！

男の愛情は庇護欲によって芽生える

男性は心の奥で「誰かにとってのヒーローでありたい」という願望があります。

なので幼少期から、ヒーロー＆戦闘モノのアニメや特撮が大好きなのですよね（狩猟本能があるから必ず悪と戦う。笑）。

このヒーロー願望の元である、庇護欲をかき立ててくれる女性こそが、彼にとってのヒロインとなります。

男性が守りたいと感じるヒロインとは、ベッタリと恋愛に依存してくる女性ではありません。ましてや、彼に対して「男になんか負けたくない！」と敵対心を燃やすような女性でもありません！

勝手に不安になって勘ぐらない強さがあり、周りに流されないような自分を持っている。そして他人に対しても親切心を忘れないような清らかさを感じる女性。

このような女性に男性は健気さを感じます。

「私そういうタイプじゃないんだけど！」という方は、まずは彼の前で他人の悪口を言わないように注意してみればよいでしょう！

ヒロインタイプの女性に「貴方を頼りにしてるの」と弱さを見せられると、「おう！　俺に任せて、君は安心していな！」とヒーロー精神というか、

漢気《おとこぎ》みたいな感情が湧いて出てくるのです！（押忍）

男性はこういう「善きヒーロー」であることが本能的に心地よいので、いろいろと役に立ってあげようと女性に対して尽くすようになり、狩猟のエモノとしての対象だけでなく、守るべき存在へと愛情が深まっていくのです。

男の器の大きさや愛情深さは、女の信頼感の強さと比例するのです。

彼のために
一生懸命尽くして
一途に生きているのに、
浮気されちゃったんです……（絶望）
私に何が足りないのでしょうか？

「こんなに彼中心で生きてるのに、どうして報われないの？」

結婚前提で付き合っていた彼が浮気してた……（愕然）。

やっと結婚前提の人と巡り会えたのに！　正直どうしてこういうことになるのか、男心がさっぱり分からない……。


このような悲痛な叫びが、私のところにも日々寄せられています。

私たち女性は、「この人と結婚したいな」と強く感じたときに、必ず過去の恋愛のやらかしを反省し、彼から結婚相手に選んでもらえる女になろうと、自分を丸ごと変えようとします。

まず、シフト制の仕事をしている場合、彼の休みに合わせるように調整します。

友達との約束より、彼と会うことを優先します。

そして彼のひとり暮らしの家にいそいそと行き、栄養バランスの取れたオカズを作り置きしたり（食べきれないで腐ったオカズを見て涙をガマン）、ワイシャツのクリーニング代もバカにならないだろうと、週末まとめてアイロンがけしてあげたりします（アイロンとアイロン台は私からのプレゼント）。

激務でなかなかゆっくり会えないなら、夜、彼を職場まで車で迎えに行って、彼の家に泊まってそのまま出勤だってしちゃうことでしょう（駐車場代痛い……）。

「彼にしてほしくないことは、まず自分がしない！」と男友達のＬＩＮＥを全削除し、彼に報告して安心してもらおうともするでしょう。

それなのに！　ここまでしてどうして浮気されなくてはいけないのよ〜ッ（怒＆号泣）。ぢくじょ〜！（涙）もう男なんて一切信用できんッ！　報われない恋愛なんてもういや！

やっと巡り会えた運命の人のために、１００％全力で変わったのに……。

男のセリフ、翻訳します

「え？　俺んちはダメ！　散らかってるし（笑）。そっち行く！」

今の彼女は家に入れたくないんですよ、ここだけの話、他の女も出入りしちゃってるんで（その子は実家なんですわ）。女って勘が鋭いからバレたらヤバイんですよね！　どっちの女にもホテル代払いたくないですし（笑）。

こんな風に失望している女性は、貴女だけではないのです。

神様、私たちの母性本能の件ですが、バグだとしか思えません！

どうして私たち女性は「ど本命彼氏」を目の前にすると、尽くしたくなってガマンできなくなってしまうのでしょうか？

もしかしたら母性本能……？　だとしたら、神様！　男性に対してはスイッチ入らないようにプログラミングしてくれてもよかったんじゃないのよぉぉ！

あまりにも、あまりにも！　世界中の女性が、男性相手に母性本能炸裂させて関係をぶち壊しにするケースが多すぎます！

「この人と結婚したい♡」そう思っていい奥さんアピール始めてしまう。突然、料理に興味持ち出して、自分の人生そっちのけで彼のサポートに全力で走りたくなる。

そこの貴女！　そうなってしまう気持ちめっちゃ分かります。

でもそれをすると貴女の魅力が消えちゃうだけなんですよ！

尽くす女を大切にできない男心について解説していきます！

男の本能

「尽くす女って俺より格下の女じゃん？」

まず男心について、大切なことをお伝えします。

男性が大切にしたくなる女とは、失いたくない女です。それは便利な女とは別なんです。便利な女のことも確かに失うのは惜しいと判断して、気まぐれに優しくしてくるでしょう。でもその場合は、普段は素っ気なかったり、貴女がしてくれたことに感謝をせず、むしろ「味噌炒めとか苦手だからいらねぇわ」と平然と貴女の好意を踏みにじることを言い放つはずです（出されたモノを食べれ！）。

このときの男心を解説すると、男性は尽くされると、その相手のことを格下だと判断します。「尽くしてまで、俺にすがりついてるんだから、ま、どうせ逃げないっしょ」と判断し、だったら雑に扱ってもＯＫというシンプルな思考回路です。

男性は縦社会のイキモノです。だから男性同士って、相手（同性）の年齢が何歳なのか気にするんですよ。女性みたいに、話が合うなら多少の年齢差なんて関係なくタメ口もOKなんてことになり得ないのですよね。

なので、男性にいったん「格下だな」と判断されると、とことんナメた対応されることになっちゃうのです、パシリ役の後輩みたいにね。

しかも恐ろしいことに「ど本命」の男性に尽くし続けると「おクズ様」へと変貌します！　男性の思考のシンプルさ、侮れませんッ！　だから……

尽くす＝格下＝ナメた扱いしてもいい女

この方程式をDNAレベルに落とし込まないといけません！　神様はそうプログラムしてくれなかった！　ならば私たちが自分でやらなきゃアカンのです。

トリセツ

大切にされる「失いたくない女」になる

尽くすな（完）。

ウソです（笑）。しっかりと男心を解説していきます。

「この女失いたくない」と燃える男心のメカニズム

❶俺のほうが惚れている状態（雑には扱えない）
❷俺に完全には合わせてこない（征服欲が満たされないから追いたくなる）
❸自分の意見、自分の世界を持っていて恋愛中毒じゃない（尊敬の気持ちが芽生える）
❹俺が失礼なことをしたら叱ってくる（雑な扱いを増長させない）
❺俺のほうが尽くしている（男性は尽くすと相手に惚れ込む）

貴女からこんな風にふるまわれると、彼は貴女のことを雑に扱えません。
「俺、やらかしたら捨てられそう」と感じさせるということなのですけど、これは女性が主導権を握っている状態なんですよね。そうすると、男性はいつか主導権を握ってやりたいと、狩猟本能や征服欲に火がつきます（男の本能です）。

なので貴女のことを追いかけてしまいます。男性は追いかけたり、優しく尽くしたりしていると「この子のこと大好き」という気持ちが高まるので（男の本能がキュンキュンしてる状態）相乗効果抜群なのですよね。

ちなみにこの状態（男の本能キュンキュン）をキープできる女性はセックスレスにもなりません。尽くす女性は俺様な性行為をされてしまったり、セックスレスになったり、または浮気に走られてしまいがちです。それは彼の征服欲を100％満たしてしまっているからなんです。貴女に対して彼がムラムラしないのは、貴女に魅力がないからではなく、尽くすことで彼の男の本能を満たし切ってしまっているからなんです。お腹いっぱいのときは、めちゃおいしいカツ丼でも食べられないのと同じことなんですよ！

なのでスタイル抜群でど美人、でも尽くし体質な子が「実は彼とレス」なんて事件が起こるのですよ（ウッソやろ？　ってやつですよ）。男の本能を刺激し続けるにはルックスよりも、態度（メスカ）なんです。

男性は自分の思い通りにならない（メスカ高い）女性だからこそ、Hすることで征服欲を満たしてやろう、抱いてやろうとムラムラっとするんです（女性にとっては謎ですが、男性の性欲には征服欲が大きく関わっているんです）。

なので浮気相手の女性を追いかけることで、狩猟本能や征服欲を満たそうとしていたのでしょう（生粋の浮気男も世の中にはいますが「おクズ様」すぎよね）。

尽くすとナメられる上に、レス化して、裏切られるリスクまで高まる。

悔しいやん？　悔しすぎるやん？　こんなの。だからもうやめよう！

でも男心を知ってしまえば、尽くすことがいかに「ど本命クラッシャー」にしかならないのか理解できるはずです。

なに、自己満でもいいから尽くしたい？　そんな甘っちょろい言い訳はやめて、今日から尽くして男の本能を萎えさせる女は卒業しましょう！

「仕事に打ち込みたくて」「趣味を極めたくて」と自分のことに集中し、男に尽くすことをキッパリやめ、自分軸のご機嫌女になる！　嫌なこと、苦手な人間関係もお見切り（重要）。

絶対に「ど本命」だと
断言できた彼が
こそこそ女と連絡取ってました(怒)。
未遂とはいえ、
結局、男は浮気するもの!?

やっぱり男の浮気心ってしょうがないの？　もう、男性が怖い……

「メリさん、私の彼、絶対に『ど本命』だったんです。なのに付き合って数年後に他の女にいい感じのＬＩＮＥしてるの見つけちゃいました。どうしてですか？」
「これ以上ないくらいに大切にしてくれてた彼（同じ職場）、ここ最近職場の後輩にデレデレしていて特別な感情を持っているのを感じてしまいます。『ど本命』でも〝恋愛感情3年で終了説〟って当てはまってしまうんですか？」

「ど本命恋愛」。男性が心から誠実であってくれて、つらいときでも、悲しいときでも隣にいてくれる……。そんな相手にやっと巡り合えたと喜んでいたのに、数年たてば女の影が出始めてしまう……。浮気や二股とまではいかないけれど、明らかに自分以外の女性に恋してしまっているのが分かる。あの頃、私に向けていたうっとりとした瞳でその女性を見つめていたり、優しさあふれるＬＩＮＥを他の女性にも送っているんじゃないの!? と妄想が止まらなくて、嫉妬の炎に灼《や》かれて気がおかしくなってしまいそう！ **しょせん「ど本命」でも男はオトコ！ 信用した私がバカだったの？**

信頼していた人の心変わりを感じてしまったとき、女性の心はめちゃくちゃに破壊されてしまいます。もう人生史上最大級に邪心の塊になり「あんな女なんて◯ねばいいい！」と憎しみを止めることさえできない生き地獄（夜叉や〜）。

「ど本命彼氏」に女の影あるある

それまで怪しい行動ひとつなかったからこそ、お互いに誠実に付き合ってきたからこそ、こんな彼の変化を感じ取ってしまうことありませんか？（女の勘フル稼働）

- 愛情たっぷりだったHに急に素っ気なさを感じるようになった
- デート中、上の空になることが増えた

・「やっぱりまだ結婚は早いよね」と先延ばし発言を始めた
・それまでしてくれていた自分の話（仕事・趣味）をしなくなった
・スマホをトイレやお風呂にまで持っていくようになった
・お金がないとアピールするようになり、低額デートになった
・LINEの通知を切るようになった

付き合って少なくとも1年以上は超誠実で、ラブラブで、不安もなく大切にしてくれて、彼自身も貴女といてあからさまにウキウキしていたのに……。
こんなことが続いて、つまらなさそうにされてしまう。そして一つひとつは小さいことだけど、「絶対なんか変わったよね？」が積み重なる。

もうね、こんなときの女の勘は、残念ながら、どビンゴでしかないんですよ（涙）。問い詰めたところで「別に怪しくないよ！」と必死に否定するけれど、スマホをムリヤリ奪ってLINEを読んだら、男性が気に入ってる女性に送る、妙に優しい浮かれた文面を発見（グギギギギ、黒に近いグレーだ！）。

「確かに一線は超えてないでしょうけど、アンタこの子に恋してるよね（激怒）」

「何がだよ！　後輩とＬＩＮＥしてるだけだろ!?」と大ゲンカになってしまうのですよね。

一途で紳士なはずの「ど本命彼氏」に浮気心が芽生えてしまうパターンって、実は決まっているのです。

「ど本命」に浮気心を芽生えさせる「ど本命クラッシャー」

貴女のことを心から愛している男性とて、別に聖人ではありません。彼の愛情にアグラをかいて、「ど本命クラッシャー」をやらかしてしまえば、他の女性に魅力を感じてしまうもの。貴女は彼にこんな「ど本命クラッシャー」をやらかしてはいませんでしたか？

- 怪しくないのに「男は信用できないもん」と束縛（交友関係・行動の制限）
- 彼にもっといい男になってほしくて生活態度を指示する（なんでキチンと整理整頓

できないの？　ソファーで寝るのやめて！　ダラシないよ！）

● 彼のしてくれたことにケチをつける（ありがとう、でも、もっと〜したらうまくいくよ？あと一歩だね！　おしい！）

● 言いたいことを我慢して後で爆発させて彼を責めまくる（前から思ってたんだけど〜アンタって本当にサイテーだよね。号泣・ブチ切れ・ギャォ〜ス！）

● お金関係に口を挟む（そんな給料じゃ子どもできたら生活できないよ？　貯金は月いくら？私が管理するよ！）

● イライラしているときについキツい口調になる、八つ当たりをする（はぁ？何？　意味わかんないことで話しかけないで！　ウザっ！）

● 彼がしてくれたことに「ありがとう」じゃなく「いいのに」と言ってしまう（え〜？　気を遣わなくていいのに〜ごめんね〜）

● 彼の家に上がり込んで、家事をして支えている感を出す（ほら仕事集中できるでしょ？　結果出しな〜）

● 四六時中彼といたがる、一人や友達との時間を持ちたがる彼を責める（なんで〜？　私ヒマなんだけど〜！　ていうか本当は女じゃないの〜？）

・男の地雷を踏む（年収・身長・体型・学歴・出身・仕事関係をディスる）

これらを何度も繰り返していると、たとえ「ど本命」であろうと関係は壊れます。だから「ど本命クラッシャー」と言うのです。

男の本能

「ど本命クラッシャー」されたら、他の女に走る

彼を管理し、疑い、自分好みに改造しようとアレコレ口うるさく指図し、勝手に尽くして、その結果だんだんと彼に素っ気なくされ、ストレスをためて泣いたり、ヒステリックにキレまくる。

こんな風に「ど本命クラッシャー」をしてくる女性に対して、男性は「男の本能（狩猟本能・庇護欲）」を掻き立てられません。

男性は自由を与えられるからこそ、相手に余裕を感じ「こりゃ逃げられちゃアカン」と追い求める気持ちが湧くイキモノ。

彼女が自分に文句ばかり言うということは、裏を返せば自分に依存している証拠。

それでは狩猟本能がへにゃへにゃっと萎えます。

男性は何か行動を起こして、それが成功したときに自信がつくイキモノ。彼女を幸せにしてあげるヒーローでありたいのに、好意を「ごめんね」と遠慮され、彼女から尽くされると、「アンタに女を幸せにする器ないでしょ！」と言われたも同然！　プライドはこっぱみじんに砕け散ります。こうして「ダメだ……。心から大切な人だったけどこれ以上一緒にいると俺の心が壊れてしまう」と自信を回復させてくれそうな女性に心が動いてしまうのです。

ど本命×ど本命クラッシャー＝自信ゼロ（自信をチャージしてくれる女へ急げ！）

彼が浮気者なのではなく、貴女に男心を傷つけられ続けた結果として、他の女性に走ってしまうということなのです。

女性から傷つけられた心は、また女性でチャージするしかないということなのです（男の本能ってヤツは……）。

トリセツ

男の自信をチャージできる女になれ！

現在「ど本命」と交際中、そしてこれから「ど本命」と巡り合って、末長く幸せに暮らしたいみなさまへ。「ど本命彼氏」に浮気させない「メス力」をお伝えしていきます。

❶ありのままの彼を受け入れる

彼を自分好みの理想の男性に変えようとして、いちいち細かいことを言わないでください！　貴女は大切なことを忘れています。

それは、大切にしてくれる男性と巡り合えたことへの感謝の心です。今までの恋愛人生を振り返り、貴女を雑に扱ってきた「おクズ様」一人ひとりの顔と仕打ちを回想してください！　彼らが貴女にしてきた仕打ちに比べたら、彼の小さい癖とか、気に食わない生活習慣だとか、ちっぽけなことなのですよ！

愛される以上に価値のあることはありません！　貴女を愛してくれる彼の欠点（だと貴女が思い込んでいる部分）をおおらかな気持ちで流してあげましょう。

❷彼をコントロールしない！

お金の使い方、時間の使い方、仕事への姿勢など、すべて貴女がコントロールしようとせず、自由にさせてあげましょう。男性にはこういった自由が、エネルギッシュに生きてゆくために必要なことなのです。コントロールされると息苦しくなって、本能的に逃げ出したくなります。貴女は彼が自由にしている間、自分のことをして、彼のことを気になって仕方ない素振りなんてしないことです。自由を与えられると彼は喜びます。そして貴女が恋しくなります。

❸してくれたことに褒め言葉以外はいらない

男性がしてくれたことに、褒め言葉以外をかける女性は死神です。貴女の素っ気ない態度、ケチをつける反応、遠慮してしまう姿勢、この一つひとつが大きなカマ！　彼の心をバッサ〜と斬っていると気がついてください！　たとえ気に食わないことがあっても、「自分のためにしてくれた」という好意に対して心から感謝していれば、褒め言葉以外出てこないはず。ケチをつける人は想像してほしいのです。そんな失礼な態度を友人にもできますか？　と。

「ど本命彼女」がこのスタンスな限り、「男の本能」は満たされます。たとえ魅力的な女性が現れたとしても、満たされていると「ど本命」は浮気には走らないものなのです（Hな妄想くらいは許してあげてな！）。

「ど本命彼氏」の浮気心は、「ど本命クラッシャー」されたときの心の傷を癒やすための行動。男は女によって負った傷を女によって癒やそうとするのです。

彼に「もっと甘えてほしい」と
言われたのだけど、
ありのままの
私を拒否られたみたいで
悲しいんです……

もっと甘えてって言われてもそっち系の女じゃないし

彼氏に「もっと甘えていいんだよ」と言われたときの衝撃たるや……。

どちらからというと、責任感があるタイプで長女気質。確かに人に甘えることは苦手だし、俗に言う「あざとい仕草」とかも超苦手！

自覚してるからこそ、「甘えてよ」を言われた瞬間に、ありのままの自分（しっかり者）を否定されたみたいで心が折れそうになる……。

「やっぱり男って甘えん坊のかわいい系女子が好きなんだ……」「私みたいな女は好きじゃなかったんだね」「結局そういう子に略奪されちゃいそう……」

私が衝撃受けていることすら気がつかずに、呑気《のんき》にいつも通りな彼を「どうせ私じゃ満足しないんでしょ？」的なフィルタでしか見ることができなくなって、気持ちが冷めていっちゃう……。

大人になって何度か恋人はできたけれど、毎回こういうパターンで恋の炎は鎮火。

「しっかり者だし、一人で生きていけそうな女だと思われてるんだろうなぁ（涙）」って泣けてきちゃう。

全国のしっかり者女の皆様、神崎メリです。このようなお悩み、たくさん受け取っています。今回は「男は甘えん坊の女がなぜ好きなのか？」その本能を解いていこうと思います。

しっかり者女の地雷を踏む男のセリフ5選

しっかり者女の方は、人一倍周りに気を配っていて、自己犠牲の精神が強いもの。張り詰めた気持ちでいるときに、彼氏にこんなことを言われてしまうと、心が折れてしまいます。

男のセリフ、翻訳します

「料理とかできる？　家庭的？」

いや〜俺結婚したら、家事とかしたくないんで（笑）。当然嫁選びは家事できる子になりますよね〜！

●「何でも一人でできそうだよね」
●「もっと甘えていいんだよ？」
●「そんなにがんばらなくていいんだよ」
●「なんで意地張るの？」
●「あの子天然だよな〜（うっとり目を細めながら）」

人様の足を引っ張らないように、お役に立てるように、生きて参りました。せめて、せめて、世界中でたった一人、大好きな恋人くらいには、この張り詰めた気持ちを理解して包んでほしかった……。なのに、意地張ってるだとか、強がってるみたいなニュアンス出されちゃうと、「私のことなんッにも見てね〜な!?」ってイライラすると共に、ガッカリしちゃう……。

こういう心理になるの、よ〜く分かります。でも何度でも言います。男性は女性の心を察することができません！　実は貴女が繊細さを抱えているだなんて、気がついていないのです！　だからこそ、自分に甘えてこない彼女のことを、俺に気を許していないと捉えてしまうのですね。

しっかり者の貴女、大好きな人の前でこんなふるまいをしてはいませんか？　そのふるまいは、男性からすると、壁として感じちゃっているかもしれませんよ！

男に壁を感じさせるしっかり者女のふるまい

- 何でも自分で解決、相談をしない
- 「俺もやろうか？」と手を差し伸べてくれても「大丈夫」と断る
- 仕事に家事に実家の家族のサポートにとすべて完璧にこなす
- 彼氏の前で弱音を吐かない、涙を見せるなんてとんでもない！
- 「キスして」「抱っこして♡」「声が聞きたいな♡」なんて死んでも言えない

こんな女性を男性は、隙のない女だと感じてしまうのですよね。

そもそもなぜ男性が、しっかり者で隙のない女よりも、甘えん坊な女のほうに惹かれてしまうのでしょうか？

男の本能

甘えられると庇護欲が掻き立てられる

男性は私たち女性が考えているよりも、「人から必要とされることで自分の存在意義を感じる」本能がもんのすごく強いです。

「社会に！　誰かに！　必要とされたい！　役に立ちてぇ～」という願いは男の本能の根っこの部分で絶えずウズウズしているものなのですよ。

そこで彼女という存在に甘えられ、受け入れてあげたり、願いを叶えてあげると、「ほ～ら！　俺はこの子の役に立ったぞ～！　よしよし！」とウズウズが一瞬スッキリするのです。

「俺に甘えてこい」＝「男の本能、君がカイカイ掻いててくれ～～～！」

そう、私たち女性が男性を頼りにすることなどで甘えてあげるということは、男の本能をカイカイしてあげて満たしてあげているということなのですよ！

でもしっかり者の女性はこの事実にまったく気がついていません。むしろ、弱みを見せたり、「抱っこ〜♡」なんて甘えてみせるのは、相手の負担になるとさえ思っているのです（あと、バカ女とは思われたくないプライドもぶっちゃけありませんか？）。

確かに女性が恋愛依存になって男性をウンザリさせないためには（狩猟本能が萎えてしまう）、経済的・精神的自立をしていたほうが絶対にいいです。

でもな〜それだけだと、あかんのな〜！　男の本能である庇護欲を掻き立てて、「この子には俺がついてなきゃダメ」と思わせることってすっごく大切なこと。これができれば、貴女はいろいろなものを背負い込んで苦しい思いをせずに済むし、彼だって「俺は役立つ男だぜ〜」と男心が満たされるのですから。

トリセツ　勇気を出して彼を信頼すること！

なぜ貴女が彼に頼ったり、甘えることができないか？
もしかしたら貴女は幼少期に親から「いい子でいてね」とプレッシャーをかけら

れて育ち、その期待を裏切ってしまうと、親に見放されるという恐怖が染みついてしまっているのかもしれません（長女気質あるあるや。涙）。

その心理の延長で、か弱さや「ねぇねぇ♡」と甘える姿を見せたとき、彼が離れていってしまうかも？　と無意識に思い込んでいるのかもしれません。


愛を失うのが怖いんですよ。そして相手を信頼できていないのですよね。

甘えられることとは、男性からすると信頼されているという証しです。男性は信頼されることで、女性への愛情を深めていきます。

彼は人に気を遣い、精一杯生きている貴女のひたむきな姿に恋をしました。

「俺の前では弱さをだしてくれるかな？　甘えてくれるかな？」と淡い期待を持って……。


でも残念なことに多くの男性は、とにかく不器用なので、女性のほうから弱さをさらけだすように導くなんて高等な技を展開なんてできないのです（笑）。

せいぜい「甘えてこい！」と言うだけ。まさかその一言によって、貴女が傷ついてしまうなどつゆほども知らずに……。

しっかり者女さん、そろそろ自分の殻を打ち破ってしまいましょう！　そうして甘える強さを身につけたほうが、長い人生、いい方向へと変えていくことができます。そして、「ど本命彼氏」と巡り合う確率も上げることができます。初心者向けの甘え方をお伝えするので、実践してみてください。

- 自分でできることも「これお願いしてもいい？」と頼りにしてみる
- 仕事や生活でいっぱいいっぱいなときは「疲れちゃったの、だっこして〜♡」と甘えて発散
- 自分からそっと手をつないでみる
- TVを見ているときに彼の肩にコテンと頭をのせてみる
- 「私強がりでしょ？　甘えられるのは貴方だけなんだ♡」と言葉にして伝える
- ハグを求めて「落ち着く♡」と一言

男のセリフ、翻訳します

「別に、家事はできるほうがしたらいいと思うよ」

もちろん彼女と結婚したら家事してほしいけど、俺もやりますよ。惚れた女にだけ負担かけられなくないすか？

・完璧主義をやめて「コレお願いしていい？」と相手に頼んでみる
・眠れない夜に「声が聞きたい♡」と電話をリクエストし軽くお話をする

「こっ、これで初心者向けなんですか……？」貴女は絶句するかもしれません。でも、彼の男の本能を満たすサービスだと思えば、貴女みたいなタイプの方は「メス力」を実践しやすいと思います。

さぁ、彼は貴女が自分だけに弱さを見せてくれることを待ち望んでいますよ！

男性は甘えられると庇護欲が満たされて、「俺って役立つじゃん！」と自己肯定感が高まる。なので最愛の人である彼女に甘えられて、満たされたがるのです。

彼のスマホを
チェックするのって、
彼女なら当然の権利じゃないの？
私は見られても困らないし！

スマホを見せたがらない彼氏、信用してもいいの？

恋愛におけるブラックボックス、スマホ。

ここ数十年の恋愛事情は、スマホの登場によってより複雑化しちゃっている部分が絶対にあると思うのです。だってポチポチっと指先ひとつで、女の子を簡単に探せる時代になっちゃっているじゃないですか？　**彼女にバレないよう、LINE以外のアプリのDMでコソコソ女の子とやり取りすることだって可能ですし……。**

実際に身の周りでも「聞いて〜！　彼さ、インスタのDMで女とやり取りして浮気してたんだけど！（涙）」とか、「マッチングアプリいつの間にか入れてたんだけど！　チラッとアイコン見えたんだよね！」とか、LINEに限らずいろんな手段を使って彼氏たちが浮気してた情報が大集結！

「うちの『ど本命彼氏』に限って……でもあの子の彼だって真面目っぽかったのに

アプリで浮気してたんだよね……」

こんな風に妄想しだすと、不安がどんどん膨らんでいっちゃって、もう絶対に彼氏のスマホを見たくてしょうがなくなっちゃうんですよね……。

でも、FaceIDじゃロック解除するの至難の業やん？（指紋認証は彼氏が爆睡 or 泥酔していればこっちのモンだったわけですが。笑）そこで考えつく答えはひとつ。

「そっか、私たちカップルなんだから、自由に見せ合える関係になっちゃえばいいんだ！」多くの女性がたどり着くこの答えに恋愛の落とし穴があったのです……。

「スマホ見せて」と言われたときの男の反応

貴女から「スマホ見せて！」と言われたとき、男性はほぼ100%こんな反応を返してきて、貴女をガッカリさせることでしょう。

- 「はぁぁ？　なんで」と不快感をあらわにする

●「や、ムリ」と秒殺で断られる
●「俺を信用してないわけ？」と呆《あき》れられる
●「はぁ。オマエな〜、そういうところなんだよ……」とため息をつかれる
●「いいけど、何のために？」と怪訝《けげん》な表情をされる

そのときの反応を見て、私たち女性は「あ、あ、怪し〜ッ！」「絶対浮気してるに違いないんだけど！」と勝手に疑いを覚えていっちゃうのですが、男性側からすると、「スマホ見せて」と聞かれたとき、こんな風に冷静に貴女のことを見ているのです。

なんとかして彼のスマホ見てやろうと必死な女の言い分あるある

●「信頼関係を築くために見せ合いっこしよ？」（君が俺を信用してないだけでは？）
●「ヨシコカップルはパスワード共有だって」（だから何？）

・「やましいから見せられないんでしょ？」（急に疑ってきて何なの？）
・「私のこと好きなら見せられるよね？」（好きを脅しに使う女最悪！）
・泣く（出た〜！　自分の思い通りにならないと泣く卑怯な女！）

貴女が意を決して「スマホ見せて！」と切り出しているのに、こんな風に貴女を冷めた目で見る彼氏のことをヒドイと思うのは、ちょっとお待ちください！

「男の本能」を理解すれば、自分がやっていることが、男の地雷で縄跳びしているだけだったと気がつくはずですよ！

男の本能 秘密を暴こうとする女は愛せない！

❶プライバシーを侵害してくる女はもはや「お母ちゃん」

これまでの項目でも、男性は自由が大切だと繰り返しお伝えしてきました。
それはスマホの中身とて同じことなのですよ！

男性のスマホの中にはいろんな煩悩が詰まっています。浮気心がない男性だって、「お気に入り」にはHな動画や漫画（アプリ）があったりすることでしょう。また、男性は女性と別れた後にいちいち二人の写真を削除するようなこともしません！なぜ？　単純にめんどくさいからですよ。それに浮気心がなくたって、女友達とLINEくらいすることはあるでしょう。

でもスマホなんて渡そうものなら、貴女は隅から隅まで全部チェックして、「こういう女（AV女優）好きなんだ、ふ〜ん？」とイヤミを言ったり、「ねぇ！　元カノの写真削除してないじゃん！　どういうこと？　どういうつもりで私と付き合ってるの？」「この女友達、なんでLINEする必要あるの？　縁切って？」とヒステリーを起こし出す……（出たよ、女って何もないのにすぐ不安になって大騒ぎする……）。

人の秘密を暴いて、プライバシーを侵害してくる女。その上ネチネチとイヤミまで言い放ち束縛をしてくる。こんな女性のどこに狩猟本能を掻き立てられるというのでしょうか？

【重要】男性は自分を追いかけてくるイキモノにうっとうしさを感じてしまいます。たとえ大好きな彼女であろうと「うわぁ、俺に入れ込みすぎじゃね？」とドン引きしてしまうのです……。

秘密を暴く女＝うっとうしい女（うちの母ちゃんも勝手に携帯盗み見してたな……。最悪！）これ以上でもこれ以下でもないでしょう。

❷女性同士・男性同士の感覚の違い

私たち女性は親友との間に隠し事は厳禁。隠し事をする女性は「誠意がない！　友情裏切るタイプ」の烙印《らくいん》を押されかねません。が、男性同士は「アイツゥ俺に隠し事してる〜」なんていちいちやりませんし、踏み込まないエリアをわきまえるのが付き合い方のマナーなのです。

なので貴女の彼がスマホを見せたくなさそうだからといって、貴女のことを裏切っている感覚はゼロ。むしろ貴女のことを「〝親しき仲にも礼儀あり〟ができない女」「恋愛依存の幼稚な女」と感じてしまうのですよね。

この「男の本能」を理解していれば、「スマホ見せて」のひ

男のセリフ、翻訳します

「いや、二人のことじゃん」

彼女が俺たちの将来のこととか、家族のこととか相談してくることがあるんですけど「聞いてくれてありがとう」って必ず言うんですよね。俺は彼女の家族のことも考えてあげたいし、支えてあげたいんでそう返しますよ。

とことが引き金となって、貴女への恋心が小さくなってしまうことが理解できるハズなんです。「男の本能」を知っている女性は彼のスマホを見ようとなんてしないものなのです。

トリセツ
女の勘を携えて、どんと構えなさい！

いちいち彼のスマホをチェックしなくたって、彼が怪しい動きをしたら秒で分かるというのが女の勘のすごさというヤツなのです。なので基本的にスマホを見て騒ぐだけ、勘違いと妄想が先走りしているということなのですよ。

彼が誰とどんなやり取りをしているのか、コソコソ嗅ぎ回って自分の魅力のなさを見せつけるよりも（こういうときの表情、めっちゃ卑屈おブスで醜いのよ！）、「ま、裏切ったらお見切りだし。笑」と余裕がある女性のほうが、男性にとって魅力的なのです。

仮に、仮にですよ。誰か女性とやり取りをし、ほんの少しキュンと彼はしていたとして、それでも貴女が余裕ある女性な限り裏切ることはできません。これが本当の意味で魅力で相手を縛っているということなんです。

でも貴女がそのＬＩＮＥを見つけてギャーギャー騒ぎ立てれば、彼の心は本格的にその女性に傾くかもしれないのです。

彼のスマホなんて一切気にしない余裕を出して、男性を焦《じ》らせて独占したくなる女になってください。貴女も「女ってマジでスマホ見たがるよね」のうちの一人にならないように気を引き締めていきましょう！

男性の世界ではプライバシーの侵害はしないのが礼儀。
見せたがらないことは裏切りじゃなく、
「男の本能」的には当然なだけなのであります。

彼が他の女の子とか
アイドルに「いいね」してる！
しかも水着姿とかに（怒）
これって浮気願望の
表れじゃない!?

なんで他の女に「いいね」するの……？見つけると悲しくなる

去年Ｉｎｓｔａｇｒａｍが「フォロー中の人が、どんな投稿にいいねしているのか分かるタブ」を廃止し、「彼氏が誰にいいねしたか探りにくい（怒）」との苦情が殺到しておりました（何故か私に。笑）。

でも相変わらず、ＴｗｉｔｔｅｒやＦａｃｅｂｏｏｋでは設定によって彼氏の「いいね」を確認できちゃいますし、Ｉｎｓｔａｇｒａｍだって根気強く彼がフォローしている人を洗い出せば、（相手が鍵付きアカウントじゃなければ）彼が誰に「いいね」しているかが、分かっちゃう状況に変わりはありません。

この機能によって、嫉妬の炎に灼かれる女性が続出しているのが現代社会……。

「彼、またこの女友達の水着姿に『いいね』してるよ（イラッ）」「ま〜たこのアイドルに『いいね』してる！　私とタイプ違うからムカつく〜（怒）」「はぁ……出ました、

AV女優のキワドイ投稿に食いつくうちのバカ男！　ほんっと気持ち悪いんだけど！」

こういう「いいね」って女性からすると、めっちゃイライラするんですよね。ぶっちゃけた話、「私以外の女の写真に『いいね』しないで！」というのが本音じゃありませんか？　なんていうか、「いいね」によって彼の中の「浮気願望」みたいなものが透けて見えちゃってる気がして、嫉妬心が止まらなくなってしまうんですよね……。

今回は、「なぜ、男は彼女以外の女に『いいね』するのか？」その「男の本能」を解説しちゃいます！

彼氏のこんな「いいね」に私たちはイラついています！

「久々に女同士でなつかしの居酒屋きました！」とワラワラ仲間うちで撮った女友達の写真を彼が「いいね」することにまでは、さすがにイライラしないじゃないですか（え？　このレベルでイラつくのはヤバイで？）。要は「オンナ」を感じる投稿に「いいね」しているのが気になってしまうのですよね。例えばこんな風な……。

- 女友達のキメ顔の写真に「いいね」している
- お尻や谷間を強調した女友達の写真に「いいね」している
- どこぞの馬の骨（失礼！）ともわからんインフルエンサー女の写真に「いいね」している
- アイドルの顔写真に「いいね」している
- AV女優のキワドイ写真に「いいね」している

「加工!!　こいつら全員加工だから!!　騙されて『いいね』してんじゃないわよッ（怒）」

彼が「いいね」してるのを発見すると思わず自分の中の夜叉な一面が暴れ出す。いや〜嫉妬してるときって、自分の中の最凶の人格が飛び出してビックリしますよね。でもその嫉妬心をそのまんま彼にぶつけてしまうと、「ど本命クラッシャー」

することになりかねないのです。

「いいね」に嫉妬した女がかわいい子ちゃんから夜叉に豹変！（男ドン引き）

女性がぶつけるむき出しの嫉妬心。実はこれって立派な「ど本命クラッシャー」なのです。

- 「あの子のこと、もう『いいね』しないでよ！」と直球で釘を刺す
- 「ねぇ、あの子のこと狙ってるんでしょ？」と問い詰める
- 「またあのアイドルに『いいね』してたよね、整形だよ？」と突然ディスり
- 「AV女優とか『いいね』しないで！　ほんっとありえない！」とブチ切れ
- 「はい！　スマホ貸して！」と女性陣を一斉フォロー解除（&ブロック）

はい、これぜ〜んぶ「ど本命クラッシャー」、アウトで〜す！　彼は「うわ〜、いちいち俺のＳＮＳチェックしてるワケ？」と超ドン引きして、急に貴女のことがうとましく感じちゃうかもしれません（俺に夢中な上に嫉妬心コワッ！）。

でもそう言われたところで、「なんで？　だって、やましい気持ちあんでしょ？　そこ突いちゃダメなの？」と貴女も納得できないと思います。なので、これから彼女以外に「いいね」しちゃう「男の本能」解説していきますよ！

男の本能

タイムライン上の女は猫じゃらしと一緒なんです！

何度となく、男性は狩猟本能が強いイキモノだとお伝えしてきましたよね？

男のセリフ、翻訳します

「お前も大変だな〜ガンバレ〜」

いや〜彼女の親のことで相談されても俺に関係ないですよ。ぶっちゃけ会うつもりもないんで、適当に励ますしかないですよね。

実は、女の子に「いいね」しちゃう原理も一緒！ 男性の目にはタイムライン上に流れてくる女性がバーチャル獲物に見えているのです！ 超簡単に言うと、猫が猫じゃらしをシャカシャカ〜ってされると、本能的にチョイチョイと手を伸ばすのと同じこと！ 彼もついついポチッと「いいね」ボタンをタップしちゃっているだけで、深い意味はないのですよ！

SNS上の女（猫じゃらし）×無意識に「いいね」＃浮気心

この「男の本能」を腹落ちさせないと、今後一生彼のSNSをストーキングして苦しむことになります。いえ、SNS上の話だけではありません。彼とデート中、巨乳ちゃんや、ミニスカ生脚ちゃんがすれ違ったとき、彼がちゃっかりチラ見していて「ちょっとぉ（怒）」と肘鉄くらわせたことのある女性は多いと思います。

あれも、男の狩猟本能ですからね。もうね、目の前をオナゴが通り過ぎたら（オッパイデカくね？）とチラ見してしまうのは、どうしようもない男のサガなのですよ（笑）。

こんなことでキャンキャン吠えて「ど本命クラッシャー」し、器の小ささを見せつけちゃうと、もしかしたら本当に他の女性に対して狩猟モードになってしまうかもしれないのです。

トリセツ あ〜猫じゃらしに反応してんな（笑）と笑ってOK！

想像してみてください、貴女と母親がSNSでつながっていたとして、他人が作ったご飯に貴女が「いいね」した。そしたら母親が「あの人のご飯に『いいね』してるの見たよ？　どういう意味？　お母さんの料理がおいしくないってこと？」と責めてくる。

「はぁ〜？　何のこと？　ただ『いいね』しただけなんだけど⁇　めんどくさっ！」と思うことでしょう。つまりは彼もその程度の感覚ですし、追求されるのはこれくらいうっとうしいことなんです。

なので彼が他の女性に「いいね」しているのを見つけたとしても（まずわざわざ見つけに行かないことやで！）、「あ〜猫じゃらしに反応してんな。笑」と心の中で笑っていればいいのですよ。

正直、「いいね」ごときで「ど本命クラッシャー」やらかして、貴女への恋心を冷ましちゃうなんて超馬鹿げたことなので、金輪際やめてほしいのです。

ちなみに街で巨乳ちゃんをチラ見していたら「巨乳ちゃんいたね♡」とニヤニヤ突っ込むのもいいでしょう（焦ってる顔がかわいい♡）。

「健全な男ね、よろしいよろしい！」と微笑ましく見てあげましょうね！

むしろ誰に「いいね」したかを追求した結果、コソコソ裏垢作成しだしたときのほうが危険。堂々と目の前を泳がしてあげましょう（気分は掌《てのひら》で悟空を転がす三蔵法師やで！）。

「いいね」は男の狩猟本能の一種。しかも本気で狩るワケではなく、単なる反応。いちいち追求せず、泳がせておくべし！

Hの回数が減ってきたら
浮気のサイン？
飽きさせないためのHテク
誰か教えて〜！

最近彼の情熱（性欲）が落ち着いてきちゃった気がする……（涙）

付き合いたての頃はむさぼるように求めてきてくれていた彼。会うたんびに濃厚に唇を重ね合って、髪を撫でられてキツく抱きしめてくれて、こっちが照れちゃうくらい大興奮してくれて……。Hが終わっても手をつないでいろんなことをイチャイチャお話しして……。そのまま第二ラウンドへ……（♡）。

なぁ〜んてアツイ日々はもはや過去の思い出（トオイメ〜）。

付き合って1年以上たてば、あからさまに回数は減ってくるし、Hのお誘いも濃厚なキスからじゃなくて「する？」なんてムードゼロからスタート！

こんなHが続いてしまうと私たち女性は、「もう、私じゃ興奮しなくなったの？」「体に飽きちゃったのかな……」って不安で仕方なくなってしまうのですよね……。

そして「男　骨抜き　SEXテクニック」なんてキーワードで検索。

そのテクニックを発揮してみたのに、思いの外盛り上がらないと、「私、何やってるんだろう？」って落ち込んでしまう……。

そして彼が新鮮さを求めて他の女と浮気しちゃうんじゃないかなって、ますます不安が膨らんでいってしまうのですよね……。こうして彼のスマホを盗み見るようになると……。Hの回数などについてのご相談、実はたっくさん私の元へ寄せられています。だから安心してください、貴女だけが不安に感じていることではないのですよ！

友達にも彼氏にも聞けない、Hについての「男の本能」をお伝えしていこうと思います。

私たちはこんなHに不安になっている！
（男性にも読んでほしい!!）

男のセリフ、翻訳します

「俺が卒業した小学校、見に行かない？」

彼女に俺の思い出の場所を見せたいんですよ。なんかこうノスタルジックになる空間に惚れた女がいるっていいんですよ。男のロマンですね。

付き合いたてのころの身も心もトロけるような情熱的なHから、ムードなしのHへ転落する寂しさ（涙）。

貴女もこんな彼の変化にガッカリしてはいませんか？

- キスからじっくりスタートじゃなく、いきなり「する？」と誘われる
- 元気になったアレをグイグイ押し付けてきてアピール。ムードナシ！
- 週6ペースから週1以下に減った
- 付き合いたての頃みたいに目をギラギラ輝かせて興奮してくれなくなった
- Hが終わったら即爆睡される
- 自分からHを誘う回数が増えた気がする

女性って、大好きな男性から付き合いたての頃みたいに熱烈に求められないと「もう私のこと飽きちゃったの？」って不安になってしまうのですよね……。

そしてその不安や不満を彼に「ど本命クラッシャー」としてぶつけてしまい、最終的にHレスに陥いるという結果にたどり着いてしまうのです。

貴女のこんな不満のぶつけ方、彼のガラスのハートを傷つけてます！

Hに関して男心は予想以上に繊細です！　こんなことを言われてしまうと、貴女への性欲そのものが萎《しぼ》んでしまうので、要注意!!!

- 「私のこと飽きたの？」と問い詰め責める
- 「私のこと好きじゃなくなったの？」と泣く
- せっかく彼から誘われてるのに寂しい思いを味わわせたくて、あえて断る
- 「そんなんじゃ妊活も思いやられるわ」と突然、妊活話を出して責める
- 「Hの回数について話し合いしよ！」と切り出す
- 「土曜の夜はHの日ね！」と義務化する
- 「え～今？」とせっかくの誘いを素っ気なく断る（ムードがないとイヤ）
- 浮気をほのめかす

こんなことをしたところで、彼の性欲を沸き立たせることなんてできません！むしろ貴女に対して魅力を感じていたハズなのに、罪悪感や義務感でがんじがらめになって貴女のことを女性として見れなくなってしまうのです（恐怖）。

そして、不満をぶつけるタイプの次に多いのが、大げさに演技をしたり彼に過剰にご奉仕したりして媚びてしまう女性です。このタイプの女性も、男性の嫌悪感を刺激してしまって、Hの回数は減ってしまうことでしょう（それか俺様すぎるHをするように育ててしまい、自分の首をギュ〜っと絞めます）。

男の本能

なぜ彼女とのHの回数が減ってきちゃうの？

男性にとってHをする前の女性は、謎に満ちた存在です。ちょっとイヤなたとえですが、買ってきたばかりのゲームをワクワクしながらクリアしようとするのと同じことなんです。どんな体だろう？　どんな反応するんだろう？　どんな顔をしてくれるんだろう？　とワクワクハアハアギラギラしています。

だから一通りゲームをクリア（体をご堪能）すると好奇心が満たされて、性欲は自然と落ち着いてきます（そうじゃない性欲強めな男性もいますが）。

会えば1日2回求めてきた彼が、週一になるのも、ある意味当たり前の流れなのですよね（そもそも貴女自身も付き合いたての頃の初々しさ、自然と減っているハズなのですよ）。でもここが大切なポイントとなってきます。

彼女とのHが落ち着いてきたときに、彼女への本心が表れるからです。

遊び目的の「おクズ様」は1〜3回のHで貴女に飽きて音信不通になったり、冷酷さをむき出しにしてくることでしょう（こんな人に引っかからないためには、カンタンに初Hを許さないこと！　おクズ様は簡単に抱けない女に用はないので、相手から去っていきます）。

「ど本命彼氏」はHが落ち着いてきても、貴女を大切にします。なぜなら体目的じゃなく、貴女の心も好きだからなんですよ！

Hの回数が落ち着いた＋変わらない優しさ＝ちゃんと俺は君を愛してるぜ！

この「男の本能」を多くの女性は理解していません。だからHの回数が減ってくると、「きっと私に飽きて、他の女とHしたくなっちゃうんだ！」と思い込みます。目の前にある、彼の優しさや思いやりがまるで見えなくなってしまうのです。

そして一緒にいても情熱的に求められないことにピリピリイライラして、不機嫌になったり、「私たちH少なくなったよねェ～？」とチクチク責めてしまう。

彼はそのひとことにプレッシャーを感じてレス化してしまうし、「こんなに大切にしてるのになんでこの子には伝わらないんだろう……？」「俺が尽くしても優しくしても喜んでくれない……」と貴女への恋心までも萎えていってしまうのです。

こういうときにこそ、他の女性に「優しいね♡」「すごいね♡」と承認欲求を満たしてもらうことで自信回復したくなり、浮気心が芽生えてしまうのです。

トリセツ

Hの回数で男の愛を量らないこと！

Hの回数で男性の愛を量ろうとすると、男性にはプレッシャーが掛かりすぎて、レス化してしまいます。

たまには盛り上がって愛情たっぷりのHになる日もあるでしょうが、男性が常にロマンチックで情熱に満ちたHを提供できるワケではないと心得ておいてください（いや、男性ども意識しろ！　とお伝えしたい！）。

基本的に男性にとってHとは愛情確認作業ではないので、「私のこと愛してるなら抱いてくれるよね？」感を出されると、貴女とのHが、しなきゃいけないたまった書類の整理みたいな、めんどくさい腰の重〜い仕事になってしまうのです！「愛情たっぷり風にしないと責めてくるんでしょ……ダル…」的にね。

こうならないためには貴女自身が、Hで彼の心を惹きつけようだとか、つなぎ止めようだとか、愛情を秤《はかり》にかけてやろうとか、必死にならないことが一番大切なのです！

❶ H＝愛　女性特有の方程式を一度忘れること

純粋に彼とのHをスケベ心を持って楽しむことが私たちには必要なのですよ。

特別なテクニックよりも、彼がしてくれたことにあま～い声で悦ぶ。トリッキーなセリフより、「すごくいい♡」「気持ちいい♡」「もっと♡」と恥じらいつつも伝える。いちいち演技せず、自然な貴女の反応に、そういう「オンナの甘さ」をプラスするだけで充分なんです（演技するとHが下手くそなのに、自信満々な勘違い彼氏に育ててしまいますよ……地獄ッ！）。

❷「ど本命クラッシャー」しないこと

彼のやることなすことに、ガミガミ言ったり、ヒステリーを起こしたり、泣いて責めたり、第2章で「男心の地雷を踏んでるよ～」とお伝えしてきた地雷源を日頃から踏まないでください！　男性は「俺を傷つけてくる女」に対して怖くて「Hしようよ」と誘えなくなってしまうのです。

❸Hの断り方に気をつけること

男性が突然Hに誘ってきてビックリすることはありませんか？（笑）（え？ 今？ Hな気分じゃないんだけど？）と思って、「はぁ？ ムードなさすぎ」「え〜まだ掃除も終わってないし〜」と断り続けると、誘うのはやめようと思われてしまいます（めっちゃ傷ついているのです……）。断るにしても「今は忙しいから後でね♡」「体調悪いから明日しよ♡」と代案を伝えて、約束は守りましょう！

大好きな人とのH、回数に振り回されずに、触れ合うことを心から楽しんでくださいね！ スケベ心を忘れずに（笑）！

Hの回数が減った＝浮気心が芽生えるのではない！
むしろ減っても優しいのなら、そこに愛はあるのです！

彼氏がこそこそ
アダルトビデオを見ています。
女として自信がなくなる……
なんとかしてやめさせたいです！

私という女がいながら、何で他の女でスルの？（怒）

大好きな彼が他の女の体に興奮して、お一人さまHをするのが許せない……。

浮気じゃないって頭では分かっているけど、裏切られた感覚しちゃう。

彼がお気に入りらしい女優さんを検索すると、美人、美巨乳、くびれ、美尻、そして色素もオケケも薄い……。圧倒的敗北感。

お風呂に入る前、自分の裸を鏡に映すと、あの女優さんとは真逆の体をしていて心底イヤになる。大きくもなくまん丸でもない胸、ウエストのラインだってキレイじゃないし、この腹の肉！　お尻もキュッとしてないし……。色素な〜どうにもこう

男のセリフ、翻訳します

（ケンカ中）…………無言

いや〜女ってケンカになるとなんであんなに怖いんすかね?!　俺が1言おうものなら、100で返ってくるんですよ！　しかも何年前だよってネタ掘り返してくるし。とりあえず刺激したくないんで、女のヒステリーに無言は男の処世術かと。

にも濃いめでな〜（号泣）。オケケも脱毛に行こう行こうと思いつつ、野放し状態（シロメ）。

こんな私の体じゃ満足できないから、AVでスルのかも……。

きっと頭の中で、あの女優のこと抱いてるんだわ。きぃぃぃっ！　くやし〜！

あぁ！一体どうしたら、彼にAV見ることをやめさせられるの？　お一人さまHせんでも、私がいるじゃんよ!!　バカにしないで！（涙）

神崎メリの元へもこういったご相談が殺到しています（大真面目に）。

一度女性がこんな被害妄想に取り憑かれてしまったら、彼がお一人さまHをしていないか？　いちいち気になって仕方なくなってしまいます。

そして、自分の体へのコンプレックスをこじらせてしまうのです……。

浮気じゃないけど、マジでムカつく男のエロい頭の中！

ひと昔前は、彼の部屋のベッドの下なんて覗き込めばゴロゴロとビデオやら、ＤＶＤやら、Ｈ本やらが転がっていたものです(苦笑)。しかし！　現代は配信社会！　証拠を見つけるのも至難の技。それでも彼のスマホやタブレットをこっそり覗き見すると、こんな証拠がザクザク出てきちゃうのです！

- 見慣れないアプリを開いたら、ＡＶ配信チャンネルだった
- タブレットをいじってたら、ＡＶのサイトが開きっぱだった
- 謎の画像フォルダ開いたら、巨乳の女の子の画像がたっくさん……
- 彼氏のＴｗｉｔｔｅｒの裏垢発見！　なんとＡＶグラビアアイドルばかりフォローしていた
- 内容がいつもの彼のＨとはかけ離れたジャンルだった

男のセリフ、翻訳します

「嫁とはうまくいってないんだ、離婚するから待っててくれ」

君と恋愛ゴッコして新鮮なＨできると、風俗行かんですむしさ、俺素人のほうが好きなんだよね(笑)。離婚？　しないしない！(笑)なんだかんだ嫁のことは愛してるよ？　そういう男、多いと思うんだよなぁ～！

「なっ！　何なのコレ！」動揺しつつも、ちゃっかり女優さんの名前を暗記して、検索かけてみる。「ちょっとぉ……どＳ姐さん的に男が襲われるのばっかじゃん（ドン引き）」「ウソッ！　ギャル系？」「内容が……オゲレツすぎる（涙）」「痴漢……されるる側ァ!?」「……マジでアイドル系が好きなのかよ（涙）」「待って！　もしかしてこの男、性犯罪者予備軍かもしんない……（顔面蒼白）」

真面目な女性ほど受け入れられずに、まさかの突拍子もない結論に達してしまうのです。

お一人さまHのことを問い詰めると、「オンナ」じゃなく「オカン」になる

彼のお一人さまHの証拠を発見し、こんな風に彼を問い詰めてしまったりしてはいませんか？　それは「ど本命クラッシャー」にあたりますよ！

●「ひとりHしないで！」と直球でキレる
●「私の体じゃ満足しないから見るの？」と問い詰める
●「他の女でスルのも浮気だから！」とキレる
●「浮気願望あるんでしょ？」と問い詰める
●「全部削除して！」と迫る
●AV視聴を報告制にする
●「こんな物見てサイテー！　変態！　マジキモい」と非難する

エロについてデリカシーなく暴く姿は、まるで思春期の息子のエロ本をベッド下から探し出し、机の上にズラリと並べるお母さんそのもの！

あまりにもコレをしつこくやられると、男性は貴女のことが「オンナ」ではなく「オカン」に見えてきちゃうのですよ！

それでも、彼は浮気心があるんじゃないかとか、自分と女優さんを比べているんじゃないか？　と不安になってしまう貴女！

お一人さまHの「男の本能」についてしっかりと理解を深めていきましょう！

男の本能

AVは、お一人さまHのお供に過ぎません

男性は私たち女性と違って、定期的にスッキリと発散しないといけない性の持ち主です。彼女と毎週Hしていたとしても、ムラっとしたら自分でちょちょいのちょいと済ませておくのが当たり前のことなんです。

朝起きたらハミガキするように、毎日入浴するように、彼らは定期的におひとりさまHをしてスッキリしないといけない星の元に生まれたのですよ。

そのちょちょいのちょいをするときに、男性は視覚での刺激が欲しくなります。そのときに便利なのがAVに過ぎないのです。彼らのHのお供なんです。

どんなに美バディでもいちいち貴女と比べたりしていません。その瞬間好みの動画で興奮を高めて、スッキリできればいいだけなんですよ！

むしろ貴女に「俺にHな写メ送ってよ〜」なんてのたまう男性のほうが激ヤバです。間違いなく貴女のことを軽く扱っているので要注意(ていうか即お見切り案件やで)。

× AV＝浮気願望・彼女と比較
○ AV＝サクッとスッキリするためのお供

お一人さまHについての「男の本能」については理解できましたか？
賢い女性はAVすらも自分の「メス力」向上にちゃっかり利用しています。そのトリセツもお伝えしていきましょう！

トリセツ 見て見ぬフリしつつ、好みをリサーチする

タブレットの電源をつけたまんま寝ていた彼。消してあげようと手にとったら、ネットに怪しげなタブが……。うっかり彼のAVの趣味を知ってしまった雅美（仮）は、意外な彼の一面を知ることになります。

サテンテカテカの派手めな下着姿の女性ばっかり!!（フェチやでフェチ！）

「なるほど……」と納得した雅美は見てしまったことには一切触れずに、「下着の福袋買ったらこんなの入ってたの〜（恥）、変かなぁ？」と彼に下着だけを見せて、まずは反応をうかがったらしいのです。

すると、「ふぅ〜〜ん、い、いいんじゃない？」という反応が！　それからたまにテカテカ下着を登場させて、夜を盛り上げているそうな（笑）。

こうして彼の好みをチラッと出してマンネリ打破に活用してみるのもありでしょう！　大切なのは彼がＡＶを見ていることには干渉せず、自由にさせてあげることです。

浮気でもなんでもない、ただの生活習慣なのですから「はいはいご苦労さん。（笑）」と心の中でつぶやいて見ないフリしておきましょうね！

そしていちいちスマホやタブレットを覗かないこと！

それが男性へのデリカシーなのですよ。デリカシーの欠けた女性は「オカン」扱いされることをお忘れなく……。

ＡＶは浮気願望の表れでもなければ、貴女のカラダに満足できないから見ているものでもない！　スッキリするためのお供！　敵視することすらムダなのだと気がついて！

付き合ってすぐに
浮気する「おクズ様」は
トリセツ不可!!
執着するより
お見切りしてください!

付き合ってしばらくすると「アレ？」って女の勘が働く……

彼の浮気に気がついてしまう瞬間って、本当不思議。

「あれ……なんかおかしい……？　あの話も、あの話も嘘な気がする……。これ、もしかして女じゃない⁉」って点と点が一気につながって、何の証拠を見つけたわけでもないのに「女だ！」って確信してしまうんですよね（女の勘や）。

そして確信してしまったら、もう後戻りはできない。膝はガクガクと震えてまともに立てないし、親友に「ヨシオ、絶対浮気してると思う」ってＬＩＮＥ打つ手もブルブル震えてしまう。親友から「え〜気のせいじゃない？」と返信が来ても頭に入ってきやしない……。

グルグル自分を責めて責めて、彼氏に「浮気してるでしょ！」ってぶつけた瞬間、「なんで？」って言い返す表情に嘘を見つけ出してしまう……。苦しい！

つらい！　もう裏切りのない恋愛がしたい！

毎回こんな形で恋愛が終わってしまう貴女へ。
そもそも貴女がお付き合いしてきた男性たちは「おクズ様」の可能性がありま
す！「おクズ様」には愛情がありません！（あるのは性欲のみ）愛情がない人には、「メ
スカ」「トリセツ」が残念ながらまったく響かない、不良品案件なのです……。
付き合ってしばらくすると浮気してしまう「男の本能」について、激辛口ですが
お伝えしていきます。

付き合ってそんなにたってないのに！
浮気男のパターンを大公開

「大好きだよ！」「結婚したいよね～♡」なんて言ってきた彼。なのに3か月すれ
ば女の影がチラホラする始末（怒）。貴女もこんなパターンで浮気された経験はあり
ませんか？

・最初は頻繁に会えたのに、急に仕事が忙しいと言い出し、浮気していた
・男友達との飲み会が急増して、結局浮気だった
・自分のスケジュールを何度も確認してくるようになって、浮気女と会ってた
・「おやすみ」ＬＩＮＥがなくなったと思ったら、浮気女と会ってた
・突然Ｈの回数が減って、キスも濃厚なのは拒むようになって、浮気していた
・急にスマホの画面を下に置くようになって、浮気していた

ど正直にお話しします。**彼は100%「おクズ様」です。**付き合って1年以内に彼氏が浮気する場合、貴女はハナっから「ど本命彼女」ではなかったんです。彼にとって貴女は「とりあえず彼女できた！　ラッキー、これでＨ相手確保できる

男のセリフ、翻訳します

「俺、連絡マメじゃないから」

別に会う前だけ連絡取れればいいと思いません？
そこまで惚れてない女にマメにLINEするのとか超ダルイけど、女の子ってマメにしないとスネるじゃないですか？　マジで面倒ですよね（笑）。

ぜぃ☆」的な存在、すなわち「とりあえずの彼女（セフレ）」だったんです！

「おクズ様」のあま〜い口説き文句の裏に潜むフラチな本音を見抜けずに、まんまと引っかかってしまったことが原因で、毎度毎度浮気されてしまうのです（涙）。

「おクズ様」と付き合っちゃいがちな見る目のない女たち

毎回浮気されてしまう女性は、男性を見る目に問題があります。貴女も思い当たるフシがないか？　今一度振り返ってみてください。

- ちょっと強引なオラついた男性に弱い
- ぶっちゃけHするまでが早い（1か月以内）
- Hを断ることに罪悪感がある
- 男性に褒められると有頂天になってのめり込んでしまう
- とにかく早く結婚がしたくて必死な部分がある

- セフレでもいいから好きな人に抱かれたい
- 好きになるともはや奴隷並みに言うことを聞いてしまう

こんな傾向がある女性を「おクズ様」はハイエナ並みの嗅覚で嗅ぎつけます。

そして「甘い言葉さえ言っておけばOKなチョロそうな女発見♪」とロックオンされてしまいます。貴女はかわいいウサギさん。あっという間に「おクズ様」にパクリと狩られてしまうことになるのです……。

男の本能

「おクズ様」の誠意のなさを理解すべし！

私たち女性と男性では「性にまつわる本能」がまるっきり違います。

私たち女性にとってHと愛は切り離せないもの。「今彼氏いないしHしてもいっか！」程度の気持ちで男性に抱かれたとしても、回数を重ねるごとに相手への気持ちが高まってしまうのです。**Hしたりオトナな意味での濃厚接触を重ねると「オキ**

シトシン」というホルモンがドバッと分泌してしまう。**これが出てしまうと、相手への愛着が深まってしまうのです**（授乳中も分泌して赤ん坊さんが愛しくなる）。

だから相手がたとえ「おクズ様」であろうと惚れ込んでしまうし、「こんなに体を重ねているのに、どうして私を愛してくれないの？」と振り向かせたくなって執着しだしちゃうのです（この感覚は女の本能特有なんやなぁ）。

男の本能はまるで違います。好きでもなんでもない女性を抱くことができます。女性の体を使った性処理です（超辛口）。男性は相手のことを一度「俺の好き勝手できる女」というポジションに置いてしまうと、**Hするくせに軽蔑します。**

甘い言葉と嘘で女性を口説いているくせに、それに騙されてしまう女性のことは愛せない。**だから1回ポッキリ〜数か月くらい体を堪能（ごちそうさま）したら、相手への興味が消えてしまいます。**最初っから軽蔑ありきなので、心でつながるだとか、浮気しないだとか、紳士なふるまいをするハズがないのですから……。

「こいつのことはいつでもHできる要員としてキープしつつ、次の女体を狩りにいくかぁ♡」というのが、浮気男の本音なのです。

愛してない女×H＝チョロいセフレキープ

これは「ど本命彼女」以外にはズバリ当てはまる法則といっても過言ではないでしょう（いろんな女体への探求心があるのです……）。

トリセツ 「女の本能」＝「女の勘」を使って生き抜く！

こういう「男の本能」＝「女体好き」を嫌悪しているだけでは、前に進めません。

「男の本能」はたくさんの女性を抱いてバリエーション豊かな遺伝子を残すこと。

「女の本能」はより良い遺伝子と守ってくれる相手を見極めて子孫を残すこと。

こちらだって、いい男（ど本命）以外、シビアにお見切り上等！「だって本能だも〜ん」でいいんですよ！

なので「男の本能」を理解しつつ、貴女を「愛情と理性」で大切にしようとする

「ど本命彼氏」に巡り合うまで、女の勘をフル活用し「おクズ様」に引っかからないようにすることが大切なのです。

さぁ、貴女はこんな女の勘をムシし、男性とお付き合いしちゃっていませんか？

●相手の話に「なんか辻褄合わない？」と疑問に思ったことがある
●「好きだよ♡」と言われるけど、なんか惚れ込まれてるような気がしない
●自分を見つめる瞳は優しいけど、ふとしたとき冷たい目で見てた気がした
●自分には優しいけど、他人の話をしたときに冷酷で驚いた

人間としての冷たさを察してしまう瞬間や、「好きって言ってくれるけど、なんだろう、ちょっと飛び込んでいいのか怖いな……大丈夫……？」というようまく説明ができない不安感。これらは「おクズ様」が本気ぶって貴女を必死に口説こうとしているときに、どうしても漂わせてしまう「おクズ臭」なんですよ！

私たちは、原始時代から、より良い遺伝子と、家族を守ってくれる「ど本命」に

巡り合うため、女の勘を本能として発達させてきました。なので、お付き合いしHするまで時間をかけ（Hしちゃうとオキシトシン効果で冷静に相手が見れなくなる）、違和感を感じる部分がないか、女の勘をビンビンに張り巡らせることが大切なのです。

それにはニコニコと楽しくデートし、相手の話をよ〜く聞き、Hは「まだ心の準備ができてないの♡」と時間をかけ、男性がボロを出さないか見極めなくてはダメなんですよ。

そして本当はその「おクズ様」と付き合う前後に「あれ？」と違和感を覚える瞬間があったはず。その瞬間を見て見ぬフリするか、「これはもしかしたらアカンやつかも？」と直視するかで、人生が変わってくるのです。

デートの段階で次の方程式を意識すると「アカンやつ」が高確率で見抜けるようになります。

●優しい瞳×誠実な態度×「付き合ってください♡」＝ど本命率高し

●優しい瞳×誠実な態度×付き合おうはナシ＝隠れ既婚者（他に女がいる）率高し（おクズ様）

●冷めた瞳（笑顔）×甘い言葉×「付き合うor付き合わないどちらでも」＝H目的（おクズ様その2）

「おクズ様」がH目的で冷酷ならば、こちらもアッサリ冷酷に「サヨナラ」してもトントンですから（笑）。どうぞ、女の勘を信じて判断しましょう！

付き合ってすぐに浮気する男は、そもそも遊び目的の「おクズ様」。取り扱い不可能です。でも貴女は自分を責めずに男の本能を見抜く力を身につけたらいいだけなのです。

おわりに

ここまで読み進めてきてくれた貴女。まずはありがとうございます。

きっと男心が難しくて謎めいたモノじゃなく、実はシンプルなモノだと気がついていただけたのではないかと思います。

私が男心を勉強し始めて一番ショックを受けたのは、自分が「父親から愛されていない」と誤解していたことに気がついたときです。

父は日本の海が大好きなドイツ人です。私の両親は早くに離婚したのですが、会えばまだ幼い私を、海や漁港へ連れて行ってくれました。

まぁこれが子どもからしたら退屈なのですよ（笑）。私自身南国出身なので、海に対して特別感なんて何もありません。どんなにエメラルドグリーンの美しい海でも、

EPILOGUE

おわりに

それは日常の風景に過ぎませんでした。漁港に至っては「魚くさい！」のひとこと！「も〜おとうさ〜ん！　早く帰ろうよ〜」と言っていたものです。

あれから何十年も時はたち、男の本能を学びだしたとき突然気がついたのです。

男性にとって自分が大切だと思う場所や思うこと。それは心の中に秘めた宝物。その宝物を相手に見せることそのものが、心を開いている証拠、愛情、そして男性にとって最高にロマンチックな瞬間なのです。

父と娘という関係だけではなく、男性はあまり仰々しく「愛してる」だとか、「君をこれだけ大切にしているよ」とかベラベラしゃべりません。男性の愛はただ行動によって示されます。

気難しい父、でも私に宝物を見せていた。彼なりの表現で愛情を伝えていたと気がついたときに、いままで愛情を疑っていたことを深く反省し、父に申し訳ない気持ちでいっぱいになりました。

貴女は、男性からの愛情に気がついていますか？

私たち女性からしたら興味のない話題、興味のない場所、「見て！」「聞いて」と言われても「そんなことより、私たちの将来どうなるの？」「もっとイチャイチャした会話しようよ」と流してしまうようなこと。

そこにこそ、彼の愛情や、貴女に心を開いている瞬間があるのです。

そんな宝物のような瞬間を見逃し、ましてやあしらってしまってはいませんでしたか？

男心に気がつけるようになると、人生観が一変します。

男性がしてくれる些細なことがすべて、自分への愛情表現なんだと分かると、感謝の気持ちが止まらなくなります。そして人生が愛に満ちたものになります。

私たち女性が求める「ロマンチック」「大げさな愛情表現」という物差しで彼の愛情を量らなくなったときに、「え？　この人めちゃくちゃ私のこと好きじゃん！」と感動することでしょう。

「なんだ、私って愛されてた？　それをスルーして彼のこと傷つけてた？」と反省するかもしれません。

男の本能を知ることは、貴女が新しい価値観を身につけて幸せの扉を開くこと。幸せは探しにいかなくても、貴女の目の前にあるかもしれないということなんです。

「彼のことが分からない！」そうまた迷うことがあったなら、この本を開いて、どシンプルな男心を想像してみてください。

何度でも何度でも読み返してシミュレーションするうちに、気がついたら男心が「そうそうこうだよね」と理解できちゃう日が必ず来ますよ！

かつての私がそうであったように……。

貴女の人生が実は愛に満ちていたと気づく日が来ますように。

そして、これから巡り合う「ど本命」のたった一人のかけがえのない女性となれますように。「メス力」番長、心から応援し続けます！

INSTAGRAM
@meri_tn

Twitter
@tokyo_nadeshiko

Official Blog
神崎メリオフィシャルブログ

神崎メリ Meri Kanzaki

恋愛コラムニスト。2月9日生まれ。ドイツと日本のハーフ。40歳。自身の離婚・再婚・出産という経験から「男心に寄り添い、しかし媚びずに、女性として凛と生きる力」を「メス力」と名付け、InstagramとLINE公式ブログにて発信していたところ、Instagram開設半年でフォロワーが7万人を超え、現在のフォロワーは12万人。ブログは月間200万PV。コメント欄には共感の声が殺到し、恋愛や結婚に悩める10代から50代の幅広い年齢層の女性たちから、熱い信頼と支持を集めている。著書に、『「恋愛地獄」、「婚活疲れ」とはもうサヨナラ! 〝最後の恋〟を〝最高の結婚〟にする魔法の「メス力」』(KADOKAWA)、『大好きな人の「ど本命」になるLOVEルール』(大和書房)、『ど本命の彼から追われ、告られ、秒でプロポーズされる! 秘密の「メス力」 LESSON』(SBクリエイティブ)がある。

「本能」を知れば、もう振り回されない!
恋愛&婚活以前の
男のトリセツ

2020年 9 月10日　第1刷発行
2022年10月 7 日　第6刷発行

著者　神崎メリ
発行者　鉄尾周一
発行所　株式会社マガジンハウス
〒104-8003 東京都中央区銀座3-13-10
書籍編集部　☎03-3545-7030
受注センター　☎049-275-1811
印刷・製本　大日本印刷株式会社

ISBN978-4-8387-3118-3 C0095